決断力

誰もが納得する結論の導き方

橋下 徹
Hashimoto Toru

PHP新書

はじめに

今の日本に圧倒的に足りないのは「**決断力**」です。

二〇二〇年から感染が拡大した新型コロナウイルスの混乱の中では、先の見えない状況に恐れをなして意思決定を先延ばしにし、後手後手の対応を迫られるトップの事例が数多く見られました。

その理由は、皆「絶対的な正解」を探そうとしているから。「これが正解」という一〇〇％の確信が持てるまで情報を集めてから、決めようとする。

しかし、この手法が通用するのは、「ある程度、正解のわかる」問題だけです。多くのリーダーが決断しなければならないのは、「正解がまったくわからない」問題です。

リーダーが決断すべき問題に、わかりやすい正解なんてありません。簡単な問題であれば、リーダーに上がってくる前に現場が判断してくれます。現場では判断できない問題に対して、「こちらの方向に進もう」と決断し、組織を引っ張って物事を動かすこと。これがリーダーの責務です。

僕は三八歳で大阪府知事に就任し、一万人の行政組織のトップに立ちました。その後、四二歳で大阪市長に就任し、三万八〇〇〇人の超巨大組織の長として、「正解がまったくわからない」問題に対しても、数々の決断を下してきました。

批判されることも多かったですが、大赤字だった大阪府の財政再建や、大阪都構想の住民投票の実施など、「絶対に不可能だ」と言われていた多くのことを成し遂げることができました（住民投票の結果は反対多数で否決となり、政界を引退することになりましたが）。

絶対に不可能だと思われていたことを実行できた理由は、どんなに正解がわからない問題であっても、「組織やチームが納得できる決断」をしてきたからです。もちろん常に正解を選べたわけではありません。決断が間違っていたこともあったでしょう。

しかし、**どんなときでも、組織や部下が納得する「決断のプロセス」を踏んでいたから、物事は滞《とどこお》ることなく前に進みました。**

これこそ、いかなる状況でも組織を動かす「決断力」の本質です。正解なんてないからこそ、正解に至る「プロセス」を「フェア」に辿《たど》ること——この「**手続的正義**」の思考が、先の見えない混迷の時代において物事を進めるために、必要不可欠な考え方です。

本書では、僕が弁護士時代、大阪府知事・大阪市長時代に身につけた**「意思決定の技法」**について述べたいと思います。「賛成51対・反対49」といったギリギリの状況下での決断を求められる時に知っておくべき思考法を、あますところなく本書にまとめました。

本書が日々、正解のわからない問題に挑《いど》み、悩んでいる読者の方の一助になれば嬉しく思います。

橋下　徹

決断力　目次

第3章

求心力を高める決断をいかになすか

「決めた後」の対応が組織を強くする

第4章　トラブルの時こそ「意思決定の技法」を使う

危機管理マネジメントの七原則

第5章 政治と決断

迷走する政治は何が間違っているのか

第6章　危機の時代に最善手を導き出すために

未知の危機に対処する思考法

第1章

決断の明暗を分けるのは「事前のルール作り」

「答えのない問題」をどう解決するか

答えがないからこそ「意思決定までのプロセス」を重視せよ

世の中には、何が正解かわからないことがたくさんあります。政治でもビジネスでも、わからないことだらけです。

先の見えない中で「こちらに向かうべきだ」と決断し、組織やチームを動かすこと。誰もが決められない問題について意思決定を行い、責任を取ることがリーダーの役割です。

ところが、今の国会議員たちを見ていると、「正解は何か」という議論ばかりをしています。「自分の意見は絶対に正しい」「いや、そっちのほうが間違っている」と。

評論家や学者、そしてメディアのコメンテーターたちは、議論することが仕事ですから、正解を求めて延々と議論しようとします。それに加えて、意思決定をしなければいけない国会議員たちまで、自分の意見が絶対的な正解だと言い合って議論を続けています。これでは物事は前に進みません。

国会議員だけではありません。自治体の長や地方議員などの政治家や企業、組織のリーダー・責任者も「何が絶対的な正解か」を議論しすぎて、ドツボにはまっていることが多々あります。**正解がわからないことについて議論を延々と続けたら、永遠に決断ができない。**これではリーダー失格です。

たとえば、二〇二〇年二月に新型コロナウイルスの対策をめぐって、安倍晋三総理（当時）が小中高校の全国一斉休校を決定したとき、大きな反発がありました。僕も大阪府知事時代の二〇〇九年、新型インフルエンザの感染拡大時に一斉休校を決定しました。このときも強い反発が起きました。

一斉休校が正しいのか、間違いなのか。その当時、答えはわかりません。後からデータが揃ったり、結果が出た後に振り返ったりすれば正解はわかるのかもしれませんが、その瞬間には一〇〇％の正解などわからない。しかし、緊急時に一〇〇％の正解を求めていつまでも議論を続けるわけにはいきません。どんなに時間がなくても、反発されようとも、リーダーは「決断」しなければならない。それが物事を動かしていく責任者の在り方です。

では、どうやって決断したらいいのか。

拙著『実行力』（ＰＨＰ新書）では、**最後は「割り箸」役になって決める**と言いました。つまり、「組織のトップにまであがってくる判断の難しい問題は、言い換えればメリットもリスクもほぼ同じ。そうであれば、割り箸を立てて右か左か倒れたほうに決めるしかない。そんな感覚で決断しなければリーダーは務まらない」ということ。

この考え方は今も変わりませんが、少し説明不足だった点がありました。それは、「**組織やチームが納得するプロセスを踏むこと**」の重要性です。

日本は成熟した国ですから、国民の教育レベルが高く、価値観も多様です。その中で、「これが正解」と全員が合意することは、そもそも難しい。

これが非民主主義国のように「指導者層」と「支配される国民」の関係であれば、指導者層の価値観ですべてを判断しても非難されることはないでしょう。しかし、日本のように成熟した民主主義の国で、指導者層が国民や組織のメンバーの納得を無視した判断をし続ければ、やがて彼ら彼女らの反発を受けて支持を失ってしまいます。

だから、リーダーは「こちらの案にする」と決めたとき、選ばなかったほうの案を主張した人たちにも、自分の決断に納得してもらう必要があります。組織やチームのメンバーの納得感が薄ければ、その後も物事は前に進まない。だからこそ、割り箸役になって決める以前の段階として、「組織やチームの人間が納得するプロセス」を踏むことが必要です。

そうしたプロセスを踏んだ上で決めれば、もともと決定案に反対していた人たちも「これだけのプロセスを踏んだのだから仕方がない」と納得してくれます。

決断をするには、「何が正解かわからない」を出発点にしながら、メンバーが納得できる「プロセス」を踏むことが必要不可欠なのです。

弁護士の卵時代に衝撃を受けた「手続的正義」という考え方

では、メンバーが納得できる決断のプロセスとはどういうものか。答えは、**「手続的正義」**という考え方にあります。

司法の世界において、正義の考え方には「実体的正義」と「手続的正義」の二つがあります。「実体的正義」とは、ある結果の内容自体に正当性があるかどうかを問う考え方のこと。いわば、「絶対的に正しい結果かどうか」を問うものです。

対して「手続的正義」とは、**結果に至る過程・プロセスに正当性があるなら、正しい結果とみなす、という考え方です。**論点は「適切な手続きに則《のっと》って判断された結果かどうか」にあります。

僕がこの概念について学んだのは、司法試験の勉強をしていたときでした。授業が録音されたカセットテープを聴いていたとき、「ある二人の間で、ケーキを公平に二つに分けるためには、どうしますか」という話がありました。なお、二人はお互いに大きいほうを取りたいと思っていることが前提です。

まず考えられるのは、ケーキを正確に「真っ二つ」に切る方法です。たとえば、超高性能なケーキカットマシンを作り、一グラムの誤差も出ないよう二つに切り分ける。たしかに、お互いに不平不満は出ないやり方でしょう。これは「実体的正義」、つまり結果の正当性を追求する考え方です。

しかし、「正確に真っ二つに切る」ために、仮に超高性能な機械を作るとすれば、多大な労力とお金が必要です。さらに厳密に言えば、どこまで正確性を追求しても、完全に真っ二つに切ることは不可能です。ミリ単位、ナノ単位で誤差が生じるからです。したがって、現実的な方法ではありません。

そこで出てくるのが、「手続的正義」に基づく次のような方法です。まず、一人がケーキを二つに切ります。その後、ケーキを切らなかった人が二つのうち好きなほうを取り、切った人は残りをもらうというルールを設定する。

こうすれば、両者ともに納得感が得られます。切る人は、自分が損をしないようにできるだけ真っ二つに切ろうとします。その結果、誤差が出た小さいほうのケーキをもらうことになったとしても、自分で切ったわけですから、納得するしかありません。他方で、切らなかった人は自分で「大きい」と思うほうを選択したわけだから当然、不満は残りません。

このように、結果として厳密に真っ二つでなくても、双方が納得するルール・プロセスがあればよい、というのが「手続的正義」の考え方です。**あらかじめ手続きを決めておくことによって、お互いに納得できる結論を引き出す**わけです。

手続的正義の話を初めて聞いたとき、僕は衝撃を受けました。完璧な結果の正当性を追求しなくても、結果に至るルールやプロセスを工夫することで、結果の正当性を確保できる。いわばフィクションとしての結果の正当性を成立させられるわけです。

僕は「**これからの時代は、正解がわからなくなったら『正解とみなせるルールやプロセス』を組み立てればいいんだ**」と理解しました。

学者は、常に完璧な正解、結果の正当性を追求しようとします。数学的な「完全な解法」や科学的な実験による「理論的証明」、さらには形而上《けいじじょう》学的な「美とは何か？」といった抽象的な事柄にも、完璧な「正解」を求めようとします。たしかに数学や科学、あるいは哲学の領域は、一つの絶対的な解答が成り立つ世界なのかもしれません。

しかし、社会における決定や判断は、完璧な正解が存在しない世界でなされるものです。だからこそ、「その決定や判断によって影響を受ける面々が正解だとみなせるルールやプロセス、仕組みをどう組み立てるか」が重要なのです。

僕はそれを追究していこうと決め、これまで自分なりに研究し、実践をしてきました。

反対派を納得させる仕組み作りとは

「手続的正義」を考える上で参考になる事例が、二〇二〇年十一月一日に行われた大阪都構想の住民投票（大阪市廃止・特別区設置住民投票）です。結果は、反対が約六九万三〇〇〇票、賛成が約六七万六〇〇〇票で、約一万七〇〇〇票の僅差《きんさ》で反対票が上回りました。パーセントで表すと、反対五〇・六％、賛成四九・四％。大まかに言えば、「51対49」です。

二〇二〇年十一月のアメリカ大統領選挙も接戦で、多くの選挙区で51対49の結果でした。選挙の結果に不満を持ったドナルド・トランプ氏の支持者が抗議活動を行い、ワシントンの連邦議会議事堂へ突入する騒ぎとなったのは、皆さんご存知の通りです。

大阪都構想もアメリカ大統領選挙の結果も、51対49の僅差ですから、「絶対的に51のほうが正しい」という結果ではありません。しかし、**政治を動かしていくには、51の結果を正し**

いとみなしてもらい、49の案を支持する人たちにも、ある程度納得してもらわなければなりません。したがって、厳格に定められたルール・プロセスに従った結果であること、すなわち「手続的正義」がきちんと成立している必要があります。

僕は、二〇二〇年のアメリカ大統領選挙が紛糾《ふんきゅう》したのは、手続的正義がしっかりしていなかったことが問題だと見ています。

今回の大統領選挙は、新型コロナウイルスの感染が広がる中での選挙でした。そのため、郵便投票システムが大規模に導入されました。僕は当時、この郵便投票システムが適切な選挙プロセスと言えるのか、疑問を抱いていました。本当に不正があったかどうかは別として、選挙結果を決めるプロセスとしてずさんさを感じたからです。

当時は、不正があったかどうかが大論争となっていましたが、手続的正義の考え方は、結果が不正かどうかを問うものではなく、プロセスとして適切であったかどうかを問うものです。

たとえば接戦となったジョージア州では、当初、バイデン氏が約一万三〇〇〇票差でトランプ氏に勝利したと報道されました。ところがその後、約五八〇〇票の未集計票があったと報道されています。仮に五八〇〇票すべてがトランプ氏の得票だったとしても、勝敗はひっくり返りません。

「結果は変わらないのだから、多少の未集計は問題ない」という考え方もあるかもしれません。しかし、日本の選挙の感覚からすれば、五八〇〇票もの未集計票というのは信じられない数です。適切なプロセスを重視する手続的正義の考え方からは、五八〇〇票も未集計票が出てくるアメリカの郵便投票システムには許容できないずさんさを感じます。生きるか死ぬかの壮絶な選挙戦を戦っている当事者からすると納得できるものではありません。

日本の選挙制度では、選挙管理委員会が有権者に投票用紙を配布した数と投票箱から回収した数を一票単位で合わせる厳格なシステムを採用しています。ここに五票でも食い違いがあれば、もう大騒ぎです。もちろん日本でも郵便投票は認められていますが、体の不自由な方や、海外在住の日本人に限られています。一般の国民に郵便投票を認めていないのは、トランプ陣営が主張するような「不正に利用される懸念」を払しょくできないからです。

このような厳格なプロセスを踏まえた投票ですから、日本では、投票結果が仮に一票差であっても、票数が上回ったほうを「正しい」とみなすことができます。「有権者の多くが納得できるプロセス」を踏んだからです。今後、生体認証などＩＴ技術を駆使して本人の意思で投票したことを保証できる投票システムが実現しない限り、日本では一般的な郵便投票の導入には踏み切らないと思います。

トランプ陣営が投票の不正を訴えることに関して、「根拠もないのにバカなことを言うな。不正は立証されていない」と批判する日本のインテリが多かったようですが、彼ら彼女らは実体的正義の考え方に縛られています。そして、不正に利用される懸念から、一般的な郵便投票制度が日本では採用されていないことも頭の中にないようです。

他方、アメリカのやり方を好意的に見るとすれば、五八〇〇票くらいの未集計票も許容するアバウトさが、逆にアメリカの「強さ」とも言えるかもしれません。民間企業がロケットを飛ばして機体の一部を回収・再利用したり、新型コロナウイルスのワクチンをいち早く世に出したりするイノベーションの背景には、「何でもあり」のアバウトさがあるのでしょう。

一方日本は、厳密なやり方を追求するゆえ、「失敗が許されない」風潮の中で、イノベーションが生まれにくい面もあります。

とは言え、選挙のように「51対49」の結果を、多くの人が「正しい」とみなせるようにしなければならない世界では、結果に至るまでの厳格なプロセスを追求する必要があると考えます。そうでなければ、二〇二〇年のアメリカ大統領選挙のように、当事者たちが納得せずに大混乱が生じてしまいます。

「決める前」のプロセスが成否のカギ

僕が大阪市長を務めていたときの二〇一五年の大阪都構想の住民投票は、反対五〇・四%、賛成四九・六%で、票差は一万七四一票。わずか〇・八%差で、二〇二〇年の「51対49」よりも、さらに僅差でした。

僕は当時の住民投票後の記者会見で、「多数をとれなかった。少数というのは結局支持されなかったということだから、都構想は間違っていたんでしょうね」と言いました。

僅差であっても多数派を正しいとみなしたのは、住民投票結果に至るまでのプロセスをきちんと厳格に踏んでいたからです。前述のように日本の投票システムは厳格で、一票たりとも間違いはないと信じることができます。適切なプロセスを経て、住民が答えを出したのですから、投票の結果を正しいとみなすことができるし、正しいとみなさなければならないわけです。

二〇二〇年の二回目の大阪都構想の住民投票も、一・二%差で反対多数となりました。住民投票後の記者会見で、大阪府の吉村洋文知事は、「やっぱり、これは支持されなかったということで、大阪都構想は間違っていたのだろうと思います」と言いました。

吉村知事の発言に対して、東京工業大学教授の中島岳志氏が「違和感がある」とツイートしました。中島氏の意見の趣旨としては、多数だから正しく、少数だから間違っているのではなく、多数でも間違いはあるし、少数でも正しいものはあるというものです。学者はよくこういう言い方をしますが、これは先ほどの区別でいえば「実体的正義」の考え方です。

一部の学者は、アメリカのデモクラシーを否定的に書いたフランスの政治思想家トクヴィルを持ちだして、多数派が常に正しいわけではないから、少数派や専門家すなわち「自分たちの意見を尊重しろ」と主張する傾向があります。

しかし、**彼らの考え方が危険なのは、「自分たちは常に正しい側にいる」ことが前提になっていることです**。多数側になっても、少数側になっても、自分たちの意見は常に正しいと考えている。まさに絶対的な正しさの追求、実体的正義の考え方です。このように自分たちの考えを絶対視するのは、民主主義において最も危険な考え方です。

ビジネスの世界も同様に、頭の中で正しいと思うことを追求するだけでは成り立ちません。ある事業を進めるのか、それともやめるのか。誰にも正解はわかりませんが、会議において議論をした上で、多数決を取って結論が出たら、実務上はそれを正解とみなして仕事を進めるしかありません。多数決で少数になった人が「自分の意見が絶対に正しい」と言い張っていたら、仕事は止まってしまいます。

実務的に物事を動かすのがビジネスですから、51対49の結果が出たときには、51を正しいとみなし、49を間違っているとみなして、次に進みます。

ただし、ここまで述べてきたように**多数決の結果を認めさせるには、結果に至るプロセスが適切なものでなければなりません。**そのための仕組み作りが肝要なのです。

それでも最後は「割り箸役」になって決める

行政組織においても、会社組織においても、それなりの責任ある立場になれば、「51対49」の案件の判断を迫られるはずです。もし読者の方で、日々判断に迷う場面が多くて悩んでいる方がいるとしたら、あなたが責任あるポジション（立場）に就いたということ。むしろ、悩みを誇りに思ってください。

一方、「80対20」や「70対30」など、「明らかに片方が正しい」という問題に遭遇するのは、自分のポジションがまだ低いとき。そういうときは楽で、素直に80や70のほうを選べばいいわけです。

新型コロナウイルスの事例で言えば、「店舗の入り口に消毒液を置くか、置かないか」といった比較的簡単な問題に遭遇するのは、ポジションの低いときです。地位が高くなると、「店舗の営業時間を短縮するか、通常の営業時間を続けるか」といった、より難しい問題を判断しなければならなくなります。

僕が経験した大阪府庁、大阪市役所での仕事の例で言えば、部長クラスが求められる判断は、ほとんど51対49のような難しい問題です。部長が決められない問題は、さらにポジションが上の副知事、副市長のもとに来ます。副知事、副市長クラスになると、51対49どころか「50・01対49・99」くらいの判断を求められます。

さらに副知事、副市長が決められない難しい問題が、知事、市長である僕のところに上がってきます。もう「50・0000……1対49・9999……9」のような問題ばかりでした。しかも、そのレベルの問題が一日に数十件とあがってくる。こんな状況で実体的正義の考え方から「絶対的に正しい答え」を見つけ出そうとすると、プレッシャーにつぶされてしまいます。学者は絶対的に正しい答えを見つけるまで永遠の時間が与えられますが、知事・

市長にはそんな時間は与えられません。期限が次から次へとやってきます。

だからそのような場合の判断の仕方として、リーダーは「割り箸役」になって決めるものだと肝に銘じています。ここまで議論が尽くされた問題は、どちらが絶対的に正しいと言える問題ではないわけですから、立てた割り箸が倒れた方に決める、その割り箸の役こそリーダーだ、と開き直って決めればいいのです。本当に割り箸を倒して決めたら、周囲の者は、「そんないい加減に決めていいのか！」と反発するでしょう。だからこそ、リーダーが割り箸役になるのです。

僕は、**「知事・市長は選挙で選ばれた人間だから、決める役割を担わされている」**と割り切って、割り箸役に徹しました。どちらが絶対的に正しいかについて、とことん追求するようなことはしません。あまり悩みすぎないで、「適切なプロセスを経てここまで議論が尽くされた以上、あとは自分の腹に落ちた方に決めよう」と必ずどちらかに決めました。最悪なのは、悩んで悩んで、決定を先送りにすることです。

もちろん、どちらかを正しいと見なすためには、前述のように決定に至る適切なプロセスを構築し、最終的な決断としてどちらを選んだとしても、選んだほうをフィクションとして正しいとみなせるように、周囲が納得してくれるようにしておかなければなりません。

「賛成、反対、大いに結構。ただし決まったことには従うこと」

トップが「絶対的な正しさ」を見つけようとしすぎると、迷走してしまう。それは今の菅《すが》義偉《よしひで》政権にも当てはまる部分があるかと思います。「Go To キャンペーン」や「二度目の緊急事態宣言」を巡る大混乱の影響で、政権発足時には非常に高かった支持率が低迷しました。

僕自身は菅政権の誕生に大きな期待を寄せていただけに、この状況は残念でなりませんでした。政権発足時から「携帯電話料金の値下げ」「行政のデジタル化」「縦割り行政の打破」などを掲げて、歴代政権がなかなか手をつけてこなかった難題にチャレンジする姿勢を感じました。ただ改革を掲げるだけではなく、行動力もあった。デジタル庁を新設し、河野太郎さんを行政改革担当大臣に任命して、改革のアクセルを踏んでいきました。

菅総理は、「大体の正解がわかっている課題」を処理するのが非常に得意な方です。たとえば携帯電話料金の値下げについては、携帯事業会社以外は誰も反対しません。国民はみんな、携帯料金が下がったら嬉しい。行政のデジタル化に伴うハンコの廃止もそうです。ハンコ業界以外はみんな「面倒な手続きはなくなった方がいい」と思っている。

このように正解の方向性が定まっていれば、あとはその実現に向けてスピーディーに取り組むのみ。抵抗する官僚勢力には睨《にら》みをきかせ、時には人事権を駆使して、多少強引にでも正解に向かって物事を動かしていく。それこそが菅総理の最大の強みでした。朝日新聞などは批判していますが、僕自身はこの政治手法を非常に評価しています。これくらいのことをやらないと、改革なんて永遠に実現しません。

ただ菅総理はこの「基本戦術」をコロナ対策にも当てはめてしまいました。朝から晩まで様々な業界の人との会食を設け、個別に話を聞いて「いまの課題の正解」を見つけていく。様々な人と会うことで、菅総理なりのコロナ対策の「正解」を見つけようとしているのだと思います。

しかし、この手法が通用するのは、「ある程度正解のわかる」平時の政治においてのみです。「80対20」や「70対30」の比較的簡単な判断でなんとかなる場合です。

他方、コロナ禍のような有事の政治では、何が正解かまったくわからない。まさに51対49の判断が求められます。**ところが菅総理は「正解がある程度わかる」状況における戦術を、「正解がまったくわからない」状況にも適用してしまいました。**そのため、菅総理の「強み」

が「弱点」になってしまったのです。

それが最悪の形で露呈したのが、「Go To トラベル」の問題です。この事業については、最初に菅総理が「正解」を決めてしまった。「コロナ禍での自粛によって旅行業界が大打撃を受けている。需要を喚起《かんき》しなければならない」と正解としての目標を設定し、その目標を達成するために強引に推し進めました。

ところが二〇二〇年十二月には全国で新規感染者数が急増し、国民や与野党議員からGoToトラベルへの異論が一挙に噴出してきた。最初は頑《かたく》なだった菅総理も、民主政治では世論を無視するわけにはいかず、急遽《きゅうきょ》「全国一時停止」という方針転換を決めました。水際対策についても十一か国・地域とのビジネストラックは維持すると主張していましたが、自民党からの反発を受けて一斉停止に踏み切った。この一連の過程によって多くの国民には、菅総理に一貫性がなく、迷走しているように見えてしまったわけです。

つまり、**最初に自分で「絶対的な正解」を設定するため、異論を聞き入れる余地がなくなってしまったのです。**この混乱から抜け出すためには、これまでの菅総理のやり方とは異なる判断・決定の仕組みが必要だったのです。

自分の中の「絶対的正解」にとらわれず、異論を聞き、どんな決断をしても周囲の者に納得感を引き出す判断・決定の仕組み作り。この詳細については第2章で述べますが、一つだけポイントをあげるとすれば、僕自身は「**賛成、反対、大いに結構。ただし、決まったことには従ってもらう**」というルールを組織に遵守《じゅんしゅ》してもらうようにしていました。

「決まったことには従ってもらう」とは一見強権的に見えますが、最初にこのようなルールを決めておくと、反対意見が出やすくなります。決まるまでは思う存分、反対意見を言えるようにするのです。すると、たとえそのメンバーの意に沿わない結果になったとしても、「これだけ意見を言って、議論を尽くして決まったのだから、仕方がない」と、納得してもらえるようになります。

また、反対意見の中には「たしかにそうだな」と思われるものもあります。その点は、その反対意見を取り込んで当初の案を修正してから、最後に決めればいいのです。事実、僕は様々な議論の末に当初の案を修正したことが何度もあります。いま振り返ると「反対してもらえてよかったな」というものばかりです。

一度決まった後に、「実はこうすべきだと思うのですが……」とメンバーに言われても、どうにもできません。面と向かって言ってくれるのはまだマシで、実際には不平・不満を言えずに抱え込んでしまい、リーダーに対する不信感が膨《ふく》らみます。だからこそ、決まるまではとにかく反対意見を言わせるようにする。

一方、「全会一致で決めよう」というやり方は、一見民主主義的に見えますが、全会一致になるまでどれくらい時間がかかるかわからないので、実務的ではありません。学者やインテリ用です。メンバーの側も「自分の意見で意思決定が遅れるかも」「自分の意見でなんとなくの方向性を変えてはまずい」と考えてしまい、反対意見を言わずに黙ったままとなります。その場では「わかりました」となるでしょうが、長期的に見てメンバーの強い納得感を醸成《じょうせい》することはできません。

だからこそ、**リーダーは決める内容の吟味《ぎんみ》より、決め方にこそ注意を払わなければならない。**でないと、どんなに自分が「これでいこう」と決断をしたとしても、組織やメンバーがついてきません。

プロセスに納得感があれば、後から批判されることもない

僕自身は大阪府知事時代、手続的正義に則った決定プロセスを原則とし、大阪府の公共工事の入札手続きも人間が恣《し》意的な関与をすることができない電子入札を原則としました。

ある週刊誌が、僕の中学の同級生が落札した案件を問題視して報じたことがありました。そのとき僕は、「僕が指示して入札先を変えられる状況であったのなら、報じてくれていい。しかし僕がまったく介入できない電子入札にしていることは、調べてもらえばわかる」と言いました。週刊誌は再度調べ直して、電子入札であることがわかったのだろうと思います。以後、この案件はまったく報道されなくなりました。

知事の権限関係は広範囲に及んでいますから、電子入札制度にしていなければ、知事という職にある以上、建設業の友人と会うことができなくなります。一緒に飲みに行けば「実は、大阪府の仕事に入札しようと思っている」という話が出てくるかもしれない。

しかし、電子入札制度は決定プロセスがオープンで、僕の関与はまったく不可能です。癒着のしようがないことを府民にきっちりと説明することができます。これこそが「手続的正義」の考え方です。**不正があったかどうかを問題視される前に、不正が疑われるような環境を事前に排除してしまう**ものです。

僕が弁護士として働き始めたころには、司法修習生の同期会がよくありました。今はあまり参加していませんが、弁護士になって三年目くらいまではよく出ていました。同期会には、弁護士だけでなく、裁判官、検察官も来ています。

狭い世界ですから、同期同士が同じ事件の原告側と被告側になったり、裁判官になったり検察官になったりすることがあります。

あるとき同期会で、「席を離そう」と言って、会話もしなかった同期同士がいました。後で、同じ事件の裁判官と被告弁護人だったと聞きました。

外部の人から見れば、同じお店で裁判官と弁護人が一緒に飲んでいるように見えますが、僕が見ている限りは、同じ飲み会に出ていても、その二人はまったく接触せず、会話も一切していませんでした。「適切なプロセスを非常に重視している」と感じました。

法曹界では、そのくらい厳格なプロセスに気を配っています。

本章では、「決断力」を鍛える上で最も重要な「手続的正義」の考え方をお伝えしました。次章では、多くの人に納得してもらうための「意思決定の仕組み作り」のポイントをお伝えしていきます。

第2章

「強い意思決定」の仕組みはこう作る

人を動かす決断をなすための橋下流ノウハウ

意思決定の仕組み作りのポイントは三つだけ

そもそもビジネスにおいては、決断するための手続き・ルールがはっきりと決まっていないことが多々あります。したがって、リーダーは決断に至るまでのルールを自分で作り上げていかなければなりません。

手続的正義に沿った決断をするためのルール作りには、ポイントが三つあります。

一．立場、意見が異なる人に主張の機会を与える
二．期限を決める
三．判断権者はいずれの主張の当事者にも加わらない

一つ目は、立場や意見が異なる人にきちんと主張の機会を与えること。法律の世界では、意見の異なる者に、それぞれ主張をする機会が必ず与えられます。裁判においては、原告、被告の一方だけではなく、双方ともに主張機会が与えられます。主張機会の保障は、手続的正義の大原則です。

二つ目のポイントは、期限を必ず定めること。主張する機会の保障は重要ですが、期限を決めないと延々と議論が続いて物事が決着しなくなります。新聞社などのマスコミや、一部の学者はよく「議論が尽くされていない」「もっと協議を続けるべきだ」と主張します。

彼ら彼女らは議論をすることが仕事ですから、二年でも三年でも、あるいは十年でも、延々と議論しても何の問題もありません。しかし、現実の実務をしている人たちは、仕事には必ず納期があるわけですから、期限を定めなければいけません。

かつての裁判は、弁護士が「この点について反論させてほしい」と言うと、反論を認めて、反論が終わるまで主張機会を与え続けることがありました。結果として、裁判が長期化してしまう。したがって、現在は期限を決めた上で主張機会を与える仕組みに切り替わってきています。物事を期限通りに進めるため、主張の機会を与える際にも期限を決めておくことが必要です。

三つ目は、リーダーなどの判断権者はいずれの主張の「当事者」にも加わらないこと。これは、裁判においては当たり前のことです。裁判官が、原告、被告のどちらかの当事者に加わってしまったら、公正な裁判は成り立ちません。

行政やビジネスの場合も、適切な手続きだと多くの人から信頼してもらうためには、判断権者は片方に与《くみ》することなく、中立的な裁判官のような役割を担うことが必要です。

実は、世の中にある様々なプロセス・手続法は、以上の三点を原則にしています。民事手続法や刑事手続法は複雑そうな取り決めに見えますが、以上の三点の原則に基づいて細かくルール化しているだけです。

異なる意見の持ち主に、それぞれ十分に意見を言う機会を与えるには、お互いの主張を事前に相手に見せておくほうがいい。そのための手続きとして、裁判期日前に、一定の主張書面を相手に送るように定められています（民事訴訟法第百六十一条第一項「口頭弁論は、書面で準備しなければならない」）。相手側の主張を見て、それに反論する準備ができるわけです。

議論の場で突然相手の意見が出てきても、反論する準備時間がなければ、十分な反論はできません。**時間がない中での片方からの一方的な主張は、相手に十分な主張をさせないのと同じです。**裁判においては、相手の意見を事前に見聞きした上で、反論を準備でき、きちんとした反論を主張できるような手続きになっています。

裁判の手続法では、「相手方が主張をしてきたときには、反論権を与える」「反対尋問をするときには、無関係なことについて尋問してはいけない」といったルールも定められています。

裁判は、当事者双方の主張機会を保障する手続きが厳密に決められています。だからこそ、その手続きにしたがって出された判決を、「正しいもの」と擬制《ぎせい》できるのです。

手続的正義を重視しているのは、裁判の世界だけではありません。行政もまた、手続的正義を非常に重視したルール作りを行っています。

たとえば、自治体は都市計画に基づいて高速道路や駅の建設、街中の大規模再開発などを行っています。こうした都市計画を策定する際には、都市計画法に定められた手続きによって、住民に意見を聞きながら進めることになっています。

計画案を作成する場合、必要があれば事前に住民の意見を聞くための公聴会が開かれます。意見を踏まえて計画案が作成されたのち、住民が計画案を縦覧《じゅうらん》できる期間を設け、住民は意見書によって異議を申し立てることができます。異議申し立ての手続きが終わってはじめて、次の行政プロセスに進む仕組みです。

都道府県の場合は、関係市町村の意見も聞きながら計画を進め、最終的には審議会での議論を経て決定します。もちろん、いつまでも決定できないといけませんので、期限は設けられています。

これらは、先ほど説明した三原則の「一．立場、意見の異なる人に主張の機会を与える」「二．期限を決める」に基づいた手続きです。また賛成者、反対者など双方が意見を言い合うときに、知事や市長が片方に与してしまうと、手続きが公平・適切だと認識してもらえません。したがって「三．判断権者はいずれの主張の当事者にも加わらない」の原則に基づき、知事や市長は当事者にならず、両者の意見を公平に聞いた上で判断することが求められます。

なぜ旧民主党の事業仕分けは失敗し、大阪府の財政再建は成功したのか

三原則のうち、三番目の点において失敗してしまった実例が、旧民主党政権時代の事業仕分けです。

蓮舫《れんほう》議員ら国会議員と民間有識者などの評価者が仕分け人として、事業仕分けを行いました。蓮舫さんは、ある意味で仕分けの責任者であり、判断権者であるにもかかわらず、予算を削る側の当事者になって、各省庁や官僚たちからの予算要求に斬り込んでいきました。

有名になったのは、スーパーコンピュータの仕分けの際の「二位じゃダメなんですか？」

という発言。

本来、蓮舫さんは予算を削る側、要求する側のどちらにも立たず、裁判官のような立場をとるべきでした。行政の無駄を削ろうとする仕分け人と、無駄ではないことを主張する各省庁の役人に蓮舫さんの目の前で議論をさせ、その上で蓮舫さんが判断権者の役割を担えばよかったのです。

蓮舫さんは予算を削る仕分け人の側に立ってしまったため、裁判で言えば、裁判官が不在の状態になり、原告と被告だけでやりあう形になってしまいました。しかも蓮舫さんは、立場上、役人の上に立ってしまいました（第三弾時、行政刷新担当大臣として）。これでは公平・適切な議論はできず、そこで出された結論は正しいものと擬制するわけにはいきません。

ゆえに蓮舫さんが下した判断に対して、役人側からどんどん異議が出ました。役人は知恵を持っています。予算の最終権限者が財務省であることを熟知していますので、蓮舫さんに削られた予算を、財務省に掛け合ってどんどん復活させていったのです。

他方、僕は、二〇〇八年に大阪府知事に就任後、大阪府の財政再建をする際には、この「裁判官役」に徹しました。毎年約一一〇〇億円もの収支改善を成し遂げるために、府の予算を徹底的に見直す財政再建プロジェクトチームを作り、そこに精鋭を集めました。ただし、僕はプロジェクトチームには入りませんでした。

財政再建プロジェクトチームの精鋭たちに対峙《たいじ》するのは、予算を要求する各部局の役人たち。大阪府庁の各部局を支えている人たちで、同じく実力者揃いです。

そして、**判断権者である僕と副知事はどちらの側にも加わらずに裁判官の席に立って、予算見直しの財政再建プロジェクトチームと予算要求の部局チームに、目の前で議論させました。**

手続的正義の観点から、みんなに傍聴してもらうことが重要だと考え、フルオープンの場にしてガチンコで議論を戦わせました。まったくシナリオなしです。

予算見直し財政再建プロジェクトチームは、「これは必要ないのではないか」「これも無駄ではないか」と鋭く切り込み、対する各予算要求部局の担当者たちは「この予算はこういう理由で絶対に必要だ」と主張しました。僕は、当事者同士の議論には一切口出しせず、黙って聞いていました。

お互いにプロ同士が議論をしていますから、どちらの意見も一理あります。聞いていても、それこそ51対49に思えるような議論でした。「明らかに無駄であり、削減すべき」「明らかに必要であり、予算を残すべき」という結論を簡単に出せる案件は、すでに課長レベルで処理されています。お互いに譲れなかった案件が、知事にあがってくるわけですから「明らかにこちらが正しい」と言えるようなものはほぼありません。

僕は議論をじっと聞き、お互いに主張が出尽くすまで徹底的に議論させました。主張機会の保障です。しかし一定の時間制限も設けています。そして主張が出尽くし議論が熟したなと感じたところで、「もう言いたいことはないですか」と聞いてから、最後に僕が「割り箸の役になって「これについては予算を削減する」「これについては予算を維持する」と結論を出していきました。

双方とも議論を尽くし、言い分は51対49の状態にある。なおかつ、最終的には誰かが決めないといけないことは皆わかっています。そこで誰が決めるかと言えば、選挙で選ばれた僕が決めるしかありません。

僕の出した結論が絶対的に正しかったのかどうかはわかりません。でも、決定に至るまで適切なプロセスを踏んで議論を尽くしています。だから、削減と要求の両当事者が「知事がこれだけ議論を聞き、責任を持って決めたのだから、この結論でまあいいだろう」と納得しやすくなります。すなわち僕の出した結論を「正しい」と擬制してもらえるわけです。

ここでもし、僕が予算見直し財政再建プロジェクトチームの側に加担していたら、「予算削減」の結論を出したときに、各予算要求部局の担当者たちは納得しなかったはずです。予算要求部局側は「知事は自分たちの主張を正当に聞いてくれたのだろうか」と疑問を持ち、不満が残ります。知事の出した結論に納得してもらうために、**僕は手続的正義の考え方を基に、裁判のプロセスを応用したのです。**

ガチンコの議論を公開で行ったわけ

議論の過程をフルオープンにしたのも、裁判の傍聴人制度を意識してのことです。みんなに見える状態で議論をしますから、お互いに変な主張はしにくい。公開の場で議論してもらうと、傍《はた》から見て「どうも○○側には明確な理由はなさそうだ」ということも見えてしまいます。

僕が本当に中立と思ってもらえたかは別として、外形的には僕と副知事は中立の立場を取り、一方の当事者に与せず、黙って聞いて、時折質問し、議論が熟したところで、最後に結論を出しました。こうした手続きを踏めば、どのような結論を出しても、組織に納得してもらいやすくなります。

併せて、延々と議論を続けないように結論を出すお尻の時間を決め、議論をそれに合わせるようにしました。「時間がなくて、言いたいことがあったのに言えなかった」という不満を残さないために、事前に双方の主張を開示し、反論の準備期間も与えました。案の定、当事者たちは事前に十分に準備をして議論に臨みました。

さらに、財政再建の議論を公開したもう一つの理由は、**出席者たちが利害関係者にアピールできるようにするため**です。

予算削減側も予算要求側も、背後には部下や利害関係者がいます。議論に臨む担当者たちは、組織や利害関係者を背負っています。「部下たちのことを思えば、これを主張しておかなければいけない」「〇〇という業界団体のことを考えれば、ここは主張しなければならない」という点がいくつもあります。だから、自分たちの主張を部下や利害関係者たちにしっかりと見せる場面も作ってあげなければなりません。

非公開の場で議論が行われると、議論に出席しない部下や業界団体は「うちの上司は、本当に自分たちの主張をきちんと伝えてくれたのか」「担当者はうちの業界のことをしっかりと理解してくれているのか」と心配になります。もし部下や利害関係者たちの主張と反対の結論になったときには、「上司（担当者）は妥協して何も言ってくれなかったのではないか」と疑念を抱くかもしれない。

案件によっては非公開のほうがいいかもしれませんが、基本的には公開の場で議論をしてもらったほうが、参加者以外も結論に納得しやすくなります。「自分たちの主張を上司（担当者）は十分に言ってくれた。ここまで言ってくれたのだから、この結論でまあいいか」と思ってもらえるプロセスを作るわけです。

言い尽くさせる、というのも裁判の仕組みの根幹です。原告・被告とも十分に主張を言い終えると裁判を傍聴する関係者も含めて「ここまで言ったのだから、あとは裁判官の判断に委《ゆだ》ねよう」という雰囲気《ふんいき》になります。言いたいことを全部言い合って、最終的な判断は裁判官に委ねる——この状態に持っていくのが裁判の鉄則です。

大阪府の財政再建では、こうした手続きを、全部局の主要テーマについて、何週間にもわたって実行しました。財政再建プロジェクトチームと各予算要求部局が繰り返し議論をして、話を黙って聞いていた僕が最終的に「これは削減」「これは残す」という判断をしていきました。膨大な量です。

もし議論を尽くすという手続きをいい加減にしていたら、僕が決定したことに対して、各部局は「この予算は絶対に必要です」と延々と抵抗を続けていたはずです。各部局だけでなく、部局の背後にいる利害関係者たちも府庁に押しかけてきたでしょう。

しかし、適切なプロセスを踏んだことによって、僕の最終的な決断に各部局は従い、利害関係者たちもある程度は理解してくれたのだと思います。こうして、大阪府全体が財政再建に向かって踏み出すことができ、実現不可能と言われていた財政改革を成し遂げることができたのです。

コロナ対策にも橋下流・意思決定の技法が使える

第１章で「コロナ対策では菅方式は通用しない」と述べましたが、二〇二一年一月の二度目の緊急事態宣言発出の際も、菅総理はこの「手続的正義」に沿った決断プロセスを取り入れるべきだったと思います。

緊急事態宣言の発出時期については、いつ発出すればいいかという「正解」は誰にもわかりません。もちろん宣言を出すのは早ければ早いほど感染拡大抑止の効果がありますし、医療現場は助かります。一方で、宣言を出して社会経済活動の自粛を求めれば、飲食店関係者など、収入が閉ざされる人たちも少なからず出てくる。このように立場がまったく異なる人たちが存在するので、発出時期について、完璧な正解なんてありません。

この場合、どんな結論を出しても、必ずどこかから批判が噴出してくる。これは決断する当事者の立場に立たなければわからない苦悩です。緊急事態宣言が出ても収入がまったく減らない「羽鳥慎一 モーニングショー」（テレビ朝日）のキャスターの玉川徹さんのように、とにかく「緊急事態宣言を早く出せ出せ」とは言えないわけです。

この宣言発出を決断するプロセスにおいて、**まずはトップである菅総理が、医師会メンバー、分科会メンバー、都道府県知事など、早期発出派と発出反対派をバランスよく集めるべきでした。**早期発出派の「モーニングショー」の玉川さんを入れたっていい。そういう人たちに菅総理の面前で、可能ならフルオープンで激論してもらいます。

議論が激しくなれば激しくなるほど、じっと目を閉じて中立的に耳を傾けるトップには、どこかで結論がストンと腹に落ちる瞬間がある。この感覚は、トップに立って判断を下すときにしか味わえないものです。

このようなプロセスを踏まえた結論であれば、どのような結論になったとしても、関係当事者も国民も「まあ仕方がないか」と納得してくれる。一つの「落としどころ」ができるのではないでしょうか。また、色々な意見を吸収した上での結論なので、後の世論の声などで迷走することもありません。

できる部下はあえて「反対派」を連れてきた

手続的正義の考え方は、最終決断をするリーダーだけでなく、決定権者に提案する立場、すなわち部下の立場でも役に立ちます。決定権者たるリーダーや上司が求めているものを見通せるようになるからです。リーダーや上司に自分の意見を採用してもらうためには、ここまで述べてきた適切なプロセス・手続きの仕組みを理解し、それに沿った提案をすることが大切です。

僕が知事、市長の立場で感じたのは、**係長クラス、課長代理クラスには、自分の主張を裏付ける資料をたくさん作ってきて話す人が多かった**。学者のように、自分の意見が絶対的に正しいと信じていますから、延々と僕に対して説明を続けてくる。しかし、これは絶対的な正解を前提とする実体的正義の考え方で、効果がありません。

どれだけ詳しく資料を出して説明しても、決定権者の側がその説明だけで判断できるわけがありません。なぜかというと、反対意見を聞いていないからです。一方的な意見だけを言われて決裁を求められても、リーダーや上司は「反対意見はどうなのか」「何か問題点はないのか」という疑問が頭から拭《ぬぐ》えないので、決断できません。

そもそも、明確に判断できる問題、いわゆる80対20の判断であれば、上司にあげる必要はないはずです。それがあがってきているということは、部下たちの現場だけでは判断できない点があるからであり、その問題点を話してもらい、懸念をクリアーできなければ、上司も決断できるはずがないのです。

だから、上司に対して自分の意見を通したいときも、手続的正義の枠組みを使います。つまり、**自分の意見に反対する人をわざと見つけてきて、上司の前で双方が意見を言い、その上で判断をしてもらうのです。**

「双方の話を聞いてください。その上で、最終判断をお願いします」と言って、上司の面前でそれぞれ主張をする。反対派を上回る主張をし、裏付けがあることを判断権者に納得してもらえれば、自分の意見が通るはずです。

大阪府庁、大阪市役所で部長、課長クラスの人が知事・市長の僕に提案してくるときには、よくこの手法を使っていました。上司としては、賛成意見と反対意見の議論を目の前で見せてもらうと、両者の主張の違いがわかり、頭の中がスッキリして「割り箸役」としての判断がしやすくなります。反対派を連れてくるのが難しい場合は、自分で自分の案に対してあえて問題点を列挙し、それを裏付ける十分な根拠資料を添付することが必要不可欠です。

先ほど述べたように、ポジションが上がれば上がるほど、何が絶対的な正解なのかわからない案件に携《たずさ》わることになります。低いポジションのうちから、判断が微妙な問題について手続的正義の考え方で正解を見つけていく手法を身に付けておいた方がいいと思います。自分の意見の正しさばかり主張するのではなく、反対意見との比較から、決定権者にアピールする。自分の意見が反対意見よりも比較優位にあれば、上司はあなたの意見を採用してくれるはずです。

もし上司が反対意見を採用したとしたら、自分が出した案には問題点が多かったということ。あなたは悔《くや》しいかもしれませんが、組織としてはあなたの案が採用されなくてよかったのです。あなたが、今回指摘された問題点を乗り越えるもっと良い案を準備していけば、次は採用してもらえるかもしれません。プロセスを意識した提案の仕方を続けていけば、自分の案がどんどんブラッシュアップされます。

「反対意見」を意識できないリーダーは三流だ

拙著『実行力』（PHP新書）でも書きましたが、僕は職員に対して「**案を出すときには、三つ出してほしい**」と言いました。案を出すときには、たとえば両極端な案と中間案の三つを持ってきてもらい、みんなに議論をしてもらう。

僕は議論を聞いて、比較優位の考え方で案を選びました。これまで述べたように絶対的な正解というものは見つけられませんから、出された案の中で「どれがよりマシか」という基準で決めます。

提案をする人は、自分が担当している案件のことしか頭にないかもしれませんが、上司は同じような案件をいくつも抱えています。幹部クラスであれば、現場担当者の十倍、二十倍の手持ち案件があり、並行して処理しなければなりません。

部下が一生懸命にプレゼン資料を作って持ってきても、上司にとっては、何十個もある手持ち案件のうちの一つです。全部の案件に対して、細かい問題点を指摘することなどできません。だから、上司が判断する案について複数の案を対比して、それぞれの問題点まで整理されていると本当に助かるのです。

逆にいえば、**上司は部下から案件が上がってきたときに、「問題点は何だろう」「どんな反対意見があるのだろう」と意識しなければ、適切な判断などできません。**問題点や反対意見を聞かない上司は、そもそも管理能力のない上司なのです。

ただし、上司自らがすべての案について、問題点を把握できるわけではありません。大きな組織の長の場合、自分でそれを見つけ出し、解を探し始めると、必ず失敗します。

大阪府知事・市長時代の僕は、**問題点を指摘してくれる指摘役を置きました。**

大阪府には五十くらいの部局があり、知事が各部局の一つ一つの案件について細かい知識を持つことはできません。僕の場合、部局を超えて職員の中から四十代くらいの優秀な人たちを集めてチームを作り、メンバーたちに各部局が持ってきた案件について、問題点を指摘し整理してもらいました。部局が出してくる案件についての反対意見を述べてもらうのです。そして当該部局と問題点指摘チームの議論を目の前で聞いた上で、最終的な判断を下しました。これも手続的正義の考え方です。

組織において、この手続的正義の考え方に基づく判断の仕組みを共有すれば、組織の決定が円滑に、かつ適切に進むと思います。

ただし、出てくるすべての案件について「フル装備」の判断プロセスにすれば良いわけではないと思います。裁判の場合は、人の一生を左右しますから、一〇〇％の重装備かつ厳格なプロセスが必要です。しかし、皆さんの職場においては、案件ごとや状況に応じて、プロセスの軽重を変えていくべきでしょう。

70対30の判断のように、どちらを選択すべきかが比較的明らかな場合には、反対意見も少し聞けばいいかと思います。他方、51対49くらいの難しい判断を求められた場合には、両者の意見をしっかりと聞くプロセスを踏んでいくことが必要です。簡単な案件はどんどん捌《さば》いていき、難しい案件ほど重厚なプロセスを踏む。これが原則です。

すぐに決断しなければならない時に覚えておきたいこと

リーダーは、時間がない中での判断を迫られる場合があります。ただし、時間がないからといって三原則を軽視してはダメです。三原則の「二．期限を決める」に則って、**緊急事態であっても期限を決め、きちんとプロセスを踏んでいくことが欠かせません。**

たとえば、「今日中に決めなければいけない」という案件であれば、まだ何時間か残されているわけですから、その時間内で精一杯議論をした上で、決めなければなりません。ここで「あと二時間しかないから、もうこちらで決める」と言って、議論を尽くさずにリーダーの一存で決めてしまうと、決まったことに対して必ず後から不満が出てきます。

二時間後に決断しなければいけないのであれば、お尻の時間を設定し「あと一時間半話し合う」と決めて、賛成派、反対派にお互いに主張をしあってもらいます。その上で判断権者がどちらかに決めれば、「時間は短かったけれど、許された時間の中で精一杯言い合った」とメンバーに思ってもらえて、決定したことに対して、組織は納得してくれます。

前述の新型コロナウイルスの問題で、二〇二〇年二月に安倍総理（当時）が全国一斉休校を決断したときには、大きな批判が巻き起こりました。「寝耳に水」と発言する政府メンバーや学校関係者たちもいました。

緊急事態ですから、結論を出すまでの時間は限られていました。それでも、その時間の中で、「一斉休校について意見を言ってくれ」と言って、賛成派と反対派に意見をぶつけ合わせてもらってから決定すれば、あそこまでの批判は起こらなかったと思います。

たとえ安倍総理の頭の中で「一斉休校をする」と決めていたとしても、意見をぶつけ合うプロセスを踏むべきだったと思います。一斉休校が正しいか、間違っているか、絶対的な正解は誰にもわかりません。まさに51対49の判断で、どちらが正しいのかわからないからこそ、「総理が決めたことが正しい」とみなされる、みんなに納得されるためのプロセスを踏む必要がありました。

二〇〇九年の新型インフルエンザのとき、僕は知事として大阪府下の学校の一斉休校を決めました。一斉休校の検討に関する情報が広がると、「学校現場が混乱する！」「働く保護者はどうしたらいいんだ！」「感染した子供がいない学校まで休校にしても意味がない！」といった声が府内から多数上がりました。

しかし僕は、大阪の高校生と小学生二名から発症例が出たときに、感染が爆発的に増加する「気配」を感じ取りました。二名は距離の離れた地域での発症例だったからです。そこで、猛批判を受けながらも、一斉休校に踏み切ることにしました。

ただし、反対の声が増えることも予想されたので、判断のプロセス・手続きだけはきちんと踏もうと決めて、賛成派と反対派で議論を重ねました。翌日から一斉休校にするには、前日の夜の十一時ごろには結論を出さなければなりません。

僕の頭の中では一斉休校を決めていましたが、「午後十一時に結論を出すから、賛成派、反対派、お互いに意見を出してください」と言って、僕の目の前でさらに議論をさせました。担当部局は反対で、教育長、教育委員会幹部たちも学校が混乱するという理由で反対でした。この場合には、指南役チームに一斉休校賛成の主張をしてもらいます。賛成と反対の意見がぶつかるような議論の枠組みを作るのがリーダー・判断権者の手腕です。そして、どちらの側にも、とことん意見を出してもらい、判断すべき十一時が近づいてきました。

当時、僕はまだ知事一年目。僕の決定に対してみんなが納得してくれる自信がありませんでしたので、少々ズルをしました（笑）。事前に当時の厚生労働大臣である舛添《ますぞえ》要一さんに根回しして、舛添さんを説得し、一斉休校に賛成するという趣旨のファックスを送ってもらいました。

手続的正義に基づいた十分な議論に、舛添大臣からのファックスを加えて、十一時に一斉休校を実施すると決定しました。

僕が決定した瞬間に、それまで反対の論陣を張っていた教育委員会が、素早く一斉休校に向けて動き始め、翌日から一斉休校が実施されました。

このように、**決断するまでの時間が短くても、限られた時間の中で議論をぶつけ合わせなければいけない**と僕は考えています。

一年後に医学的、公衆衛生学的に検証してみると、大阪の一斉休校には、感染者の爆発的増加を防いだ効果があったことがわかりました。結果的には実体的正義の面からも正しかったわけです。ただし、決断する時点では確たるデータもなく意思決定したわけですから、それが正解かどうかはまったくわからなかったのです。ゆえに手続的正義の考え方で、時間の許す限りプロセスを踏んで、正解に近づいていくという思考が必要不可欠です。

重要な結論は「オフの時間」を挟んでから決める

責任ある立場での判断は重いものです。自分の判断一つで、組織やメンバーの命運が決まってしまいます。メンバーが幸せになるか、不幸になるかの分岐《ぶんき》点の判断を迫られるのが責任ある立場です。

知事・市長のときに僕は、府民・市民の幸不幸の分かれ目の判断を毎日、迫られていました。場合によっては人命にかかわる結果にもなります。まして内閣総理大臣ともなれば、国民や日本国の命運を左右する判断を日々、膨大に求められています。

でも、決断を下す側は神様でもなんでもなく、普通の人間です。普通の人間が自分の立場の役割を背負い、一生懸命に仕事をやっている。

重い判断をするには、身体的にも肉体的にもエネルギーが十分でなければできません。逆に言うと、重い判断はエネルギーをたくさん消費するということ。心身が疲れ切っているときには、的確な判断はできないし、的確な判断をしようと思えば、消費したエネルギーを十分に補塡《ほてん》しなければなりません。

組織の上から下まで各役職の人が、いずれも責任ある判断をしていることは間違いありません。しかし、各人の責任の重さが違うことは、厳然たる事実です。上司から言われたことをこなしていく役職と、組織の命運を左右する判断をしなければならないトップやリーダーとでは、責任の重さが異なります。

また、言ったことを実行しなければならない立場と、言うだけの立場では、やはり責任の重さが異なります。僕も知事・市長のときと、コメンテーターのときでは責任の重みが異なることを実感しています。この責任の重さに応じて、仕事のオン・オフの落差も異なってきます。

責任の重い役職では、オンのときに求められる集中力も半端じゃないし、投入、消費するエネルギーも並大抵ではない。オフの日常に戻ったときにはオンとの落差が大きいし、オンのときに必要な集中力やエネルギーを蓄えるために、オフ時にはただ休むだけではなく、徹底したリフレッシュが必要です。

僕の経験から言えることは、**オン以外の時間は、徹底したリフレッシュとまではいかなくても、最低でも「日常というオフ」に戻る状態を作ること。これがオン・オフの切り替えの条件です。**

巷《ちまた》には、仕事のできる人間はオン・オフの切り替えがうまい、というビジネスハウツー特集が氾濫《はんらん》しています。そういう特集の多くは、オフの過ごし方の華やかさを競い合っているように見える。でもはっきり言って、そこまで責任ある仕事に就いていない者に、派手なオフは要りません。

重要なことは、「**いかに日常に戻ることができるか**」です。世間や組織内からの批判を恐れて、日常生活に戻ることを過度に自粛すると、オフの時間を奪うことになってしまい、肝心なときに適切な判断・対応ができなくなる恐れがあります。

これは僕の実体験から得た教訓です。知事・市長のときには常にオンの状態が続き、日常生活を感じることができなくなってくる。頭がボーッとしてきて、自分の判断力が弱ってきているな、と感じてきます。役人もそこを狙ってくるのか、こっちがボーっとしているときに、役所に都合のいい判断を求めてくる。すると僕もだんだんノウハウを得てきて、判断が鈍いときには「今日、風呂に入りながら考えます」と言って決定を翌日に持ち越していました。

身体は素直なもので、こういうときにふと肌を見ると、蕁麻疹《じんましん》が出ていました。知事のときには、蕁麻疹がひどくて、シャツの上から掻きむしっていたら、白い生地に血がにじんでいたことがよくありました。責任ある立場の者が、日常生活に戻るための時間を作ることは、責任ある判断をする上で必要不可欠です。決断のための適切なプロセスとして、オンとオフをスパッと区分けすることも重要です。

この区分けができないと、毎日がオン状態となり、肝心な時に的確な判断ができないリスクを抱えてしまうということを、書き添えておきましょう。

第3章

求心力を高める決断をいかになすか

「決めた後」の対応が組織を強くする

リーダーは、ブレてもいい

リーダーのあり方として、世間では「ブレてはいけない」とよく言われます。周囲を引っ張るリーダーは、最初から絶対的に正しい方針を示すのがよいと思われているのでしょう。これは実体的正義の考え方です。

しかし僕は、判断を間違えたらすぐに修正します。**「朝令暮改でも構わない」**と思っています。

リーダーの強さというのは、「ブレない」ことではありません。手続的正義の考え方を基に適切なプロセスで決定し、納得してくれる判断をすることです。決定を正しいと思ってくれれば、物事を力強く進めることができ、リーダーの強さにつながります。つまり、**真に強いリーダーは「ブレない」人ではなく、みんなを「納得させられる」人です。**

そして、重要なのは、もし間違っていたなら直《ただ》ちに修正すべき、ということです。みんなの納得を維持するためには、間違いをすぐに認めて、正しい方向に修正する。これが大切です。

このときに大切なのは、**修正する場合にも適切なプロセスを踏むことです。**一時的には批判もされるでしょうが、適切なプロセスを踏み、「間違いがあればすぐに認めて修正する人だ」と思ってもらえたほうが、結果的には多くの人の納得が得られる。むしろ僕は、何があっても一度決めたことを推し進める「ブレない」姿勢のほうがおかしい、と考えています。

大阪市長時代、土壇場で原発再稼働を決めた内幕

実際、僕が決定を覆したことはたくさんあります。大きな事例としては、大阪市長の時に決めた大飯《おおい》原発（福井県）の再稼働についてです。

二〇一一年の東日本大震災と福島第一原発事故を受けて、国内の原発は順次稼働を停止しました。同年夏の時点では、大飯原発も含めてまだ動いている原発があったため、関西地域の電力需給はそれほど大きな問題ではありませんでした。

しかし、原発の稼働停止後の二〇一二年夏の電力需給不足は、関西地域にとって大きな問題でした。大飯原発の再稼働をめぐっても当時、民主党政権下で議論が紛糾しました。

僕は大阪市長として、初めは大飯原発の再稼働に反対の意思を表明していました。二〇一二年二月に大阪市役所に設置した大阪府市エネルギー戦略会議が、「原発を再稼働すべきではない」という見解を示していたからです。

しかし、「原発を動かさなければ今夏の電力が足りなくなる」という意見も少なくありませんでした。原発を再稼働すべきか、しないべきか。まさに51対49の議論で、どちらが絶対的に正しいとも言えない状況でした。

原発再稼働には安全面のリスクがありますが、原発を再稼働させずに電気が不足した場合には、各地で停電が発生するリスクがあります。病院の電源が落ちれば最悪の場合、死者が出るかもしれません。大阪市長の判断いかんで大阪市だけではなく、関西全体に影響を及ぼす問題です。

そこで市長の僕は、**再稼働反対の持論をいったん脇に置き、手続的正義の枠組みを作ってもう一度、検討することを決めました。**「原発を再稼働すべきではない」という戦略会議の意見を白紙に戻し、「原発を再稼働すべき」という人たちの意見も聞くことにしたのです。

まず副市長に「原発が止まった場合、どういうマイナスの影響があるのかを徹底的に調べて教えてほしい」と伝え、副市長が関係部局に指示を出すと、様々なマイナスの影響が指摘されました。最大の問題は、病院などの施設に予備電源が十分に備えられておらず、停電時に入院患者の身に危険が生じるという指摘でした。

次に、その意見を大阪府市エネルギー戦略会議の委員にぶつけてみました。戦略会議には当時、元経済産業省官僚の古賀茂明さんや エネルギー政策を唱える飯田哲也さんたちが参加していました。

僕は、古賀さんに「原発を再稼働させないと、電力不足になって停電が起こり、様々なダメージが生じると指摘されています。何か対策を取っていますか」と聞きました。古賀さんは質問には答えず、「原発を再稼働すべきではない」の一点張りでした。そこで僕は「再稼働するなとおっしゃいますが、原発を止めることによって様々なダメージが出る可能性がある。そのダメージに対する対策のプランを出してくれないと、申し訳ないけれど古賀さんたちの原発再稼働断固反対の主張は採用できません」と伝えました。

その後も古賀さんたちは、停電が起こった場合の対策を出してくれることはありませんでした。自分たちが主張する案の問題点を検証し、対策を講じるという当たり前の修正作業をしなかったのです。これでは、決定権者として古賀さんたちの意見を採用することはできません。

おそらく、古賀さんたちは実体的正義の考え方に捉われるあまり、「原発再稼働は断固反対、という自分の主張こそが絶対的に正しい」という思考に陥っていました。「間違いがあったら適切なプロセスで修正する」という手続的正義の思考がなかったのでしょう。実際、古賀さんたちは「原発は倫理的に認められない」という主張です。倫理を持ち出して、自分たちの意見が絶対的に正しいと断言します。

自分たちの主張に反対する側（原発再稼働派）にあえて問題点を指摘してもらい、それに対する対策を講じた上で「やはり原発を再稼働すべきではない」という案を持ってきてくれれば、僕は彼らの原発再稼働反対案を採用していたかもしれない。

実際に停電が起こるかどうかはわからなくても、仮に停電が起こった場合には、医療機関などで重大な問題が生じることは予想できます。手術もできず、人工呼吸器や人工透析の機械も止まります。たとえば対策として「病院や重要施設に蓄電池をこのくらい配備しておく」という案を提示してもらえば、判断材料になります。

しかし、**自らの案の欠点を修正せずに「原発がなくても電力は足りるから大丈夫」の一点張りで言われても、実際に足りるかどうかは現時点ではわからない。そうなると、ブレない姿勢はもはや害悪です。**

古賀さんたちは、大阪市政や関西の行政に責任を負いません。仮に電力が足りなくなって病院などで死者が出ても責任を問われません。他方、僕は全責任を負う立場として、そんな事態を容認できるはずがありません。

僕は原発再稼働反対派と賛成派、両者の意見を繰り返し聞いた上で、最終的に原発再稼働を認める判断に変更しました。再稼働反対を訴える朝日新聞などから猛烈に批判されましたが、適切な手続きを踏んだ上で当初の判断を変更したので、自信をもって決断できました。

もし猛暑がきて電力不足で停電が起こり、命を落とす人が出てきてしまったら、取り返しの付かないことになります。大阪府民、市民の命にも関わるギリギリの決断を迫られている人間が、「原発がなくても電気は足りるから大丈夫」という主張に安易に乗ることはできません。

必要かつ適切なプロセスを踏んで、議論を尽くして決断したことによって悪い結果が出た場合と、必要かつ適切なプロセスを踏まずに悪い結果が出た場合では、責任の重みがまったく違います。適切なプロセスを経ずに万が一にも停電で亡くなってしまった人がいたら、ご遺族の方に僕がどれだけ謝ったとしても、納得してもらえないはずです。

この件は、僕の再稼働容認表明も踏まえながら、政府は大飯原発の再稼働に動き出しました。結果的に二〇一二年の夏、節電の呼びかけや省エネ効果もあり、電力は足りたのです。

これに対し、原発再稼働反対派からは、「電力使用量が最大に達した日でさえ、原発の稼働なしでも十分に電力は足りていた」と後から言われました。結果的に見れば、そうだったのでしょう。

しかしこれは、実体的正義に基づく考え方です。「電力が足りた」というのは後からわかったことで、判断当時においては、何が正解かはわかりません。

だからこそ僕は手続的正義の考え方で、そのときには原発再稼働に賛成する判断をし、それはいったん正しいものと「みなされ」ました。そうである以上、後に実体的正義の考え方では当時の僕の判断が間違っていたとしても、それを非難されてもどうしようもありません。手続的正義の考え方で判断したのであれば、**後に悪い結果が生じた場合、再び手続的正義の考え方に基づいて修正していけばいいのです。**そうでなければ、何が正解かわからない問題については、何も判断しないという状態が続くことになってしまいます。

自分の主張にこだわりすぎるリーダーは、必ず見誤る

さらに僕は、原発再稼働賛成派、反対派の両論を僕自身が聞くだけでなく、もう一つのプロセスを加えました。「政府においても、関西の電力が足りるかどうか（需給）について議論してもらう」というものです。

原発政策は国の政策であり、大阪だけで議論していても仕方がありません。そこで政府に働きかけ、原発が止まっても電力が足りるかどうかを検証する「需給検証委員会」を設置してもらいました。これだけでも政治的に一苦労しました。

その委員会に「原発が止まっても電力は足りる」と強く主張していた大阪府市エネルギー戦略会議の飯田さんを関係者として参加させてもらい、徹底的に議論してもらうことにしました。飯田さんや古賀さんの「原発を止めても電力は足りる」という見解を政府に主張してもらい、政府が納得すれば、政府は原発の再稼働を止めるでしょう。

ところが、飯田さんの意見は政府の検証委員会においてまったく通らなかった。原発再稼働反対派と賛成派が激しく議論した検証委員会での結論は「原発を再稼働しなければ、関西電力管内は夏に電力不足に陥る」というものでした。二〇一二年五月に出された検証委員会の報告書では、関西電力管内における同年夏の電力需給は、原発事故の起きた二〇一一年夏の東京電力管内よりも逼迫《ひっぱく》する、というきわめて厳しい予測でした。「少し我慢すればよい」というレベルではなく、まったく足りなかった。

大阪での議論と、政府での議論の両者を踏まえて、僕は原発再稼働を容認することにしたのです。古賀さんや飯田さんという原発再稼働反対を強く唱える人たちの意見だけで突っ走るのではなく、複数のプロセスを経た上で「朝令暮改」した結論です。

全責任を負うリーダーや判断権者は、一つの論点について、必ず複数の見解を聞いた上で判断しなければなりません。自分の主張にこだわってはいけないのです。自分の主張にこだわりすぎる人は、51対49の案件について、正しいと「みなせる」判断はできません。判断から逃げ続けるか、判断したとしてもその後、周囲の者や組織メンバーの中で不平不満がくすぶり続けることになります。

だからこそ、手続的正義の考え方に基づく判断が必要なのです。

結局、原発が止まったままでも電力が計算上は足りた結果を見た古賀さんや飯田さんたちからは、「電力は足りたじゃないか。原発再稼働反対が正しかったじゃないか」と言われました。しかし、それはたんに結果オーライだっただけです。もし電力が不足していたら、人命に関わる重大事態が起きていた可能性があります。**手続的正義の考え方には、「結果オーライ」の発想はありません。**適切なプロセスを経た上で、「その時に」正しいと「みなされる」判断を追求していくのが手続的正義の考え方です。

とことん反対意見を聞いて決める吉村大阪府知事

たとえば吉村大阪府知事の場合、彼は弁護士出身ですから、やはり手続的正義の手法を使っています。大阪府庁の幹部たちから聞くところによると、僕のやり方よりもさらに時間をかけて議論をしているようです。

大阪府の新型コロナウイルス対策に関しては、吉村さんの方針に対して、府庁の中から反対意見も多く出ていると聞いています。幹部たちの話では、吉村さんは反対意見をじっくりと聞いて、議論を重ねているそうです。

吉村さんは、腹の中にストンと話が落ちるまでは結論を出さない。リミットの時間は決めているでしょうが、とことん意見を言わせてもらえるので、反対派も吉村さんの判断に納得をするようです。

吉村さんは議論をフルオープンにすることにこだわっています。議論の過程もできる限りメディアにさらけ出します。そしてカメラの前で記者からの質問にもできる限り答えています。大阪府民の多くが吉村さんのこのやり方や判断に納得し、彼の支持率が高まっている大きな理由の一つになっています。

大阪で感染者数が増えると、TVのコメンテーターたちが批判したがるのも、実体的正義の考え方に基づくものです。「感染者数が増えたから吉村知事の判断や対策は失敗」という短絡的な見方をする。

しかし、何をやれば感染者数が減るのか、絶対的な正解は誰にもわかりません。感染者を減らすためには社会経済活動を抑制すればいいのでしょうが、そうするとまた別の弊害が出ます。しかも知事に与えられている法律上の武器は非常に限られており、基本的には府民や医療機関に呼びかけることしかできません。

このような状況下において、いつ何をどのようにやればいいのか。ウイルスの増殖、感染者数は今後どのように推移するのか。これらについて絶対的な正解を常に見つけられる者など、この世には存在しないでしょう。学者やコメンテーターたちは、後の結果を見てから、こうすればよかった、ああすればよかったと後付けで言うばかりです。

だからこそ、手続的正義の考え方に基づいて、そのときに「正しいとみなせる」判断をしていかなければならないのです。

吉村さんは賛成派、反対派による議論を尽くして、適切なプロセスをきちんと踏んでいます。東京のコメンテーターたちがどれだけ吉村さんの批判をしても、大阪での吉村さんの評価が高いのは、大阪府民はこのプロセスをよく見ているからです。吉村さんが正解を出し続けているから評価が高いというより、**みんなが納得するプロセスを踏んでいるから評価が高いのです。**吉村さんの判断によって、仮に悪い結果が生じたとしても、そこに至るまでのプロセスが適切なものだったなら、大阪府民の非難はそこまで激しくならないでしょう。それはいったん正しい判断とみなされたわけですから。

人を動かす説得力はこうして身につける

吉村さんの記者会見やテレビ出演を見れば一目瞭然《りょうぜん》ですが、彼はすべて自分の言葉で語っています。記者会見のときにも原稿に目を落とすことなどないし、プロンプターも使わない。

ペーパーもプロンプターも見ないで、カメラの向こうの府民に語りかけています。だから、テレビを見ている人たちにメッセージがよく伝わるのだと思います。

なぜ、ペーパーやプロンプターを見ずに自分の言葉で話せるのか。**様々な立場の人の様々な意見を、手続的正義に基づく適切なプロセスの中でしっかりと聞いているからです。**

だから吉村さんの頭の中には、自分の考えだけでなく、反対の意見や持論の問題点、それに対する対処方法などもインプットされている。そのため、反対意見側からの厳しい質問を受けても、彼は自分の言葉ですべて答えられるのです。

実体的正義、すなわち絶対的な正解を追求する人は、持論が絶対的に正しいという前提なので、自分の考えだけを頭の中に残そうとします。そうすると反対意見側からの見え方に気付かない。自分の考えの問題点が見えず、それに対する対処法などについても意識が向きません。自分の考えの正当性は強く主張できますが、問題点を指摘されると慌《あわ》てふためいてしまいます。

役人は優秀ですから、会見などの際には一応念のための回答案を作ってくれています。しかし、自分の頭の中にないことを話そうとすると、ペーパーの棒読みになりますし、そもそも役人の回答も、通り一辺倒のもので、周囲の者を納得させるものになっていないことが多い。様々な意見をぶつけ合った適切なプロセスを踏んでいないので、役人自身も表面的な問題点の指摘とそれに対する一応の回答しか用意できないからです。

手続的正義を重視する人は、適切な議論のプロセスをきちんと踏んでいるので、自分の考えへの賛成派、反対派の議論が頭の中に入っています。吉村さんも、自分の考えへの反対派の意見を十分に知っていて、それに対する自分なりの回答を用意しています。だから何を聞かれても答えられるし、ペーパーを見る必要もありません。**堂々と自分の言葉で答えているため、説得力があるのです。**

危機におけるリーダーのあり方として、重要なのはこの点です。質問されるたびに手元の紙や資料を見ているリーダーでは、「この人で本当に大丈夫？」と、周囲の者や組織のメンバーは不安になります。

手続的正義を踏まえているリーダーは、平時であろうと危機であろうと、ペーパーを見ずに自分の言葉で話せます。それが力強いメッセージとして、見聞きする側に伝わるのです。

話は変わりますが、僕が司法試験を受けたころは、合格までに八年も十年もかかる人がたくさんいました。なかなか合格しないのは、模範解答を丸暗記しようとしているタイプの人たちでした。対照的に、早く合格する人は、複数の判例や法解釈の核心部分だけをしっかりと頭の中に入れて、あとはそれを活用して自分の「持論」を展開する答案を書ける人です。丸暗記ではなく、持論の展開です。

一つの考え方を丸暗記するのではなく、様々な考え方の核心部分を頭に入れる。

これは記者会見も同じです。賛成意見、反対意見の議論を聞いて核心的なところをつかんでいるリーダーは、どんな質問にも答えることができます。吉村さんも、頭の中に一〇〇％の「量」を入れているのではありません。大きな論理の枠組みや、賛成意見、反対意見の重要なポイントだけを頭に入れている。だから細かな事実関係などは、自分ではなく担当の職員に説明させる手法を採っています。

つまり、**リーダーに必要な情報のインプット能力とは、頭に入れる情報の「質」を見極めること。**「量」を重視して、あらゆる情報を頭に入れる博識タイプは、リーダーにふさわしくありません。このタイプは肝心なとき、自分の頭の中にある雑学的な知識を延々と披露するパターンに陥ることが多い。周囲が「今、そんな話をしている場合じゃないのに」と感じているのに、自分の知識話で悦《えつ》に入ったりします。

いまの時代、情報はウェブ検索でいくらでも入手できます。量に関しては、人間の頭の中よりもインターネットの方が上だと割り切らなければなりません。

しかし、情報の選別、すなわち「質」は違います。ここはインターネットの苦手なところ。必要な情報を選別し、取り入れるのは人間である「あなた」です。

この課題を解決するためには、この判断をするためには、どんな情報が必要なのか。

真のリーダーは、自分の頭の中に入れておく情報を的確に「選別できる」タイプです。膨大な情報の中から、リーダーとしての判断や発信に必要な情報を選別する。真のリーダーは情報の「質」にこだわるのです。

緊急時には、自分の言葉で語らないと「ハート」に伝わらない

先ほど話に出たプロンプターとは、演説の原稿を読んでいる雰囲気を視聴者に見せないために、原稿内容を映した透明な板を演説者の視線の先に置く装置です。演説者は演台上の原稿に目を落とさず、目の前の透明な板を見て話せばよいので、視線は必然的に前を向きます。ただ、演説原稿を読んでいることに変わりはありません。

演説原稿を事前に用意すると、どうしても演説の格調や文章の美しさを気にしはじめます。また、色々な情報を盛り込もうとして力が入っていく。原稿を何度も修正しながら、文章のかたちや情報量の多さにエネルギーを割《さ》くようになってしまう。結果、話し言葉として弱く、聴衆の心情に響かないスピーチになりがちです。

前総理の安倍さんは、新型コロナ問題に関する演説ではプロンプターを使っていました。たしかに語り口はきれいで、情緒的なフレーズが多かった。ですが、ウイルスへの対処に関する肝心なメッセージの強さが抜けてしまい、聞いている側からすると迫力が足りないよう

に感じました。

ウイルスへの不安を抱える国民が最も知りたかったところが不明確で、メディアの論調などを見ると、すこぶる評判が悪かった。つまり、聞く側のハートに突き刺さる力が弱かったということです。

役人の説明は、表現の正確さに重きが置かれます。情報量も多く、聞いている者の「脳ミソ」に「論理的に」働きかけるものになりやすい。ゆえに、小難しく味気ない説明になってしまいます。ミスをしないようにすることが役人の本分なので、ある意味仕方がありません。

しかし、**リーダーが発するメッセージは、聞いている者の「ハート」にズバッと情熱的に届くものでなければなりません。**ハートを揺さぶるものです。リーダーは誤りなく正確に「説明すること」が役割ではない。メンバーのモチベーションを上げ、一定の目標・方向性に向かって組織・集団を動かしていくことが使命です。

この点、吉村さんの会見ではプロンプターを使うこともなく、原稿も用意されていない。必要で重要なポイントを、自分の言葉でズバズバ語っています。無駄で余分な言葉や回りくどい表現、ポエムのような話はそぎ落とされています。平時の場では、スピーチライターが練り上げる格式ばった表現や情緒的な話は許されます。が、有事の場合には厳禁。中身のない話をもっともらしく話す語り口は、緊急事態のスピーチとして最悪です。

コロナ禍で先行きが不透明な社会状況において、国民は一筋の光明を求めているのです。長く暗いトンネルを走る中で、はるか先でもいいから、とにかく出口の光を見たい。自分の言葉で語るリーダーのメッセージにかすかな光を見出したい、と願うのが、国民の感覚ではないでしょうか。

府庁幹部を驚かせた僕の「謝罪対応」

日本の行政には、「政府・行政は間違いを犯さない」「だから謝罪はしない」という考え方が染みついています。行政の無謬《むびゅう》性というやつです。大宝律令《たいほうりつりょう》以来続いている考え方といってもいい。民に謝ると、政府・行政の権威がなくなるとでも思っているのでしょう。これは、自分たちは絶対的に正しいんだという、ある意味、実対的正義の考え方です。

僕も大阪府知事になるまで、行政機関というのは間違いがあってはいけない、また間違いはめったに犯さない組織だと思っていました。

ところが、いざ自分が知事や市長になってみると、現場の幹部たちはスーパーマンでもなんでもなく、普通のおっちゃん、おばちゃんです（笑）。もちろん、向学心に富み、真面目に一生懸命に仕事をしていて、副知事（副市長）、局長、部長、課長などという立派な肩書きを持ってはいますが、言ってみれば、まあみんな普通の人。当然、間違えることもあります。

裁判官もまた、普通の人です。二十数年前に、司法試験合格後に司法修習として裁判所で実務研修を受けたときに、仕事を終えた後、裁判官室で缶ビールを飲みながら、ささやかな懇親会を開いてもらいました。もういまは厳禁でしょうが。勉強を重ねて、仕事に真摯《しんし》に取り組み、場合によっては死刑判決をも下す裁判官も、当たり前のことですが、根っこはやはり普通の人間です。人間なのですから、ミスはあるでしょう。

僕自身も、知事、市長として「あっ、失敗した」と思うことの連続でした。

そろそろ政治家も公務員も、**「絶対に間違えない政府」「絶対に間違えない行政」という考え方を捨て、少し肩の荷を下ろしたほうがよいのではないか**と思います。

たとえば僕は知事時代に、完全に間違った議会答弁をしたことがあります。教育問題について問われたときに「それについては、教育委員会に『指示』をしておきます」と答えました。議場が騒然となり、「教育委員会の独立性を侵害している」「知事が教育委員会に指示をする権限なんてない」と批判が巻き起こりました。

実際、答弁は僕の完全に間違いでした。法律上、教育委員会は知事から独立しています。だから、知事は教育委員会に対して指揮命令権はありません。知事と教育委員会は相互に独立した関係にあり、知事は教育委員を任命することまではできるけれども、任命後は委員に指示することはできない。

この件は色々なメディアでも取り上げられ、騒ぎとなりました。当然、翌日の議会で釈明しなければなりません。

早速、どのように釈明するのかを考えるために会議室に府庁の幹部が集まり、知事会議が開かれました。府庁の役人が作った釈明答弁用の分厚い説明資料が僕の前に出されました。それを読むと何が書いてあるのかさっぱりわからない。ダラダラと長い文章が続いているものの、僕の発言の間違いは最後まで認めていない（笑）。とにかく相手を煙に巻くように、ああでもない、こうでもないと文章が続いて、終わります。

思い出すのは馬関《ばかん》戦争（下関戦争）に敗北した長州藩の高杉晋作が、英仏蘭米の四か国連合艦隊との敗戦処理をめぐる交渉の中で、『古事記』を延々と詠《よ》み始めたという都市伝説的なエピソードです。意味不明な言葉の洪水に、相手は音《ね》を上げてしまったという話で、府庁のこの釈明答弁案は同じ作戦だったのでしょう。間違っているのに間違いは認めないときの役人たちの常套手段です。

僕は「法律上、知事は教育委員会に指示できないんだから、僕の発言は完全に間違いです。まず謝りますよ」と言いました。すると幹部たちは「えっ？　知事が謝るんですか！」と、飛び上がらんばかりの驚きよう。しかし「だって、間違えたんだからしょうがないでしょう」と僕は言い、結局、議会で謝罪することを決めました。

もちろん府庁幹部たちも、僕の立場を守るためになんとか間違いを認めない方法を必死に考えてくれたのでしょう。

しかし、**明らかな誤りについてはごまかさずに誤りをスパッと認めないと、信用を失うだけです。**間違いを認めなければ、延々おかしな言い訳に終始するだけで、そのおかしさは周囲に必ず伝わります。いまの政府はおかしな言い訳が多く、信頼を失っていますよね。

他方、謝罪すると決めれば、コメントは簡単。三行くらいですみました。

議場で「『教育委員会に指示』と言ったのは間違いでした。知事に教育委員会を指示する権限はありません。申し訳ありません」と釈明して終わり。

僕は幹部たちに「これからは間違っていたら、言い訳をするのをやめて、謝って修正する。変な言い訳は考えないでほしい。他にも何か間違いがあったら、修正するので言ってください」と伝えました。

すると「実は、この点については間違っていました」というものが、各部局から山のように出てきた。「みなさん、こんなに謝らなあかんことをこれまでごまかしていたの？」という感じでした（笑）。

そこから、「〇〇は間違いでした。申し訳ありません」「××は間違いでした。申し訳ありません」の連続でしたが、「僕が知事（市長）でいる限りは、間違ったら謝って修正する」という方針が、組織にある程度浸透したのではないかと思います。

このように僕は知事、市長の八年間に謝罪・修正の表明をいくつもしています。手続的正義の考え方に基づいていったん決めた判断については、激しい批判を受けても貫くことが多いので、「橋下は絶対に謝らない」というイメージがあるかもしれません。しかし、実は謝るときにはきっちりと謝っています。

トラブル後の謝罪で挽回する方法

僕が弁護士として顧問先へのアドバイスで気を遣うのは、**不祥事が起きた後の最初の謝罪・反省の意の表し方です。**謝罪・反省というのは、感覚的に捉えられるからこそ難しい。人間の感覚ですから、ちょっとした態度や振る舞い、声のトーンや表情、目の動きなどで「こいつは本心から反省していない」と世間に受け取られてしまうことがあります。準備も不十分なまま記者会見に臨み、最初に不用意に強気に出てしまって、さらに批判の嵐を食らうというパターンが少なくありません。

ある案件で大阪市役所のある部局が、メディアから突っ込まれたことがありました。担当部局は「間違っていない」と頑なに主張していましたが、僕は手続的正義の手順を踏もうと考え、市長直轄チームのメンバーたちを呼んで、チームにはメディアの立場に立って徹底的に担当部局の問題点を追及するように指示をしました。

そして、僕の目の前で、チームと担当部局に議論を行わせました。その議論を聞いていると「やはり、これは担当部局が間違っているな」ということが腹に落ちました。

あれだけ頑なになっていた担当部局も、その議論を踏まえると、自分たちが間違っていたという結論になっても仕方がないという雰囲気になりました。

その後、僕は緊急記者会見を開いて、僕と担当部局の最高幹部が並んで「この点が間違っていましたので、修正します」と発表しました。間違いに対しての批判は一時ありましたが、それを認め修正したことについては、府民の皆さんからむしろ評価をいただいたと感じています。メディアからの追及もいったん収まりました。

謝罪や訂正によって、府庁・市役所に対する府民・市民からの信頼が高まると同時に、部下職員からの幹部に対する評価も高まったと思います。組織で立場が上の人ほど、なかなか間違いを認められないものです。しかし、**立場が上になるほど、間違いをすぐに認めたほうが、組織全体のモチベーションが上がり、組織が強くなります。**

僕は、間違ったことを押し通すよりも、組織内において「うちの知事は間違っていたら認めるんだ」という評価を得たほうがいいと考えていました。

間違いを認めずに、ごまかしたり、情報を隠したりするのは最悪です。僕の経験では、間違いを認めて、事実を先に出してしまったほうが、批判はむしろ収まります。

同じく知事時代に、万博記念公園にテーマパークの誘致を検討していたことがあります。

当時、テーマパークを大阪に進出させたいと考えていた会社の関係者が僕の後援会に参加し、年間六〇〇〇円の会費を払っていたことを朝日新聞が報じました。

会員は何千人もいますので、僕はその人が後援会メンバーだったことを知りませんでした。メディアから「癒着だ」と批判され、僕の周囲の人たちは、会費を返却して後援会に参加していなかったことにしようなど、いろいろごまかす提案をしてきました。

でも、ごまかしてもすぐにバレます。僕は事実を認めて情報をオープンにし、不適切だったことを謝罪しました。以後、僕が特に力を入れる事業について利害関係のある人は後援会に入れないようにすると宣言しました。するとこの件に対する批判は収まっていきました。

謝るときには、世間が「そこまでやるか！」と思うぐらいの「姿勢・気迫・意気込み」で謝らなければ効果はありません。間違ったことを素直に謝るのは、事後挽回策《ばんかい》として最も重要なものです。

逆に、手続的正義の考え方に基づいて再検討のプロセスを踏まえてもなお間違っていないと確信を持つことができたものについては、どれだけ批判されても、自信を持っている姿勢をしっかり保ち、一言も謝らずに主張を貫いたほうがよい。世間が大批判を展開しているようなときでも持論を堂々と語り、「あいつが謝らないというのは、よほど確信があるのか」と思ってもらうレベルに達すると、「とにかく何でもいいから謝れ」という雰囲気が徐々になくなってきます。

重要なことは、手続的正義の考え方に基づいて、適切な再検討のプロセスを踏むことです。これがなければ、単に意固地になっているだけとみなされてしまいます。

謝るべきときには徹底して謝る。間違っていないと確信できるときは徹底して主張する。

危機管理の黄金の法則（ゴールデン・ルール）です。

都合の悪い事実ほど先に表に出す

二〇〇八年七月、僕が平日の午後に公用車に乗ってフィットネスクラブへ行ったことが報じられ、関西のメディアで批判の嵐となりました。

同年二月に大阪府知事に就任し、四方八方から激しい反対運動に遭いながら連日連夜、府政改革案をまとめ上げることにエネルギーを注ぎ込んでいたころです。何とか六月に改革案をまとめ上げ、七月から府議会で改革案の審議に入っていました。

その日は夜七時に国会議員への府政報告会という公務があり、そこまで空いている日中の時間を使ってフィットネスクラブに出かけました。なぜ日中に時間が空いているのか。それは議会のルールによって知事室待機となっていたからです。

これまでの慣行では、議会の委員会での審議中、知事の出番がまったくなくても、知事室でずっと待機を続けなければいけないというルールがありました。朝から夜まで待機です。僕は、それはあまりにも非効率的な時間の使い方だということで、連絡がきちんと取れるようにしておいて、すぐに戻ってこれる範囲内なら外出をしてもいいだろうと考えました。そこでフィットネスに出かけたのです。連日連夜の知事業務で、運動などまったくできず、体重も右肩上がりに増えていた時期です。

公用車を使ったことについてメディアが大騒ぎしたので、秘書室は大慌て。秘書室の職員は「公用車で（フィットネスクラブに）行ったことは表に出さないようにしますか？」と言ってきました。僕が「そうしてほしい」と言えば、役所は色々な工作をしたかもしれません。公用車の運行記録を書き変えた可能性もあります。

しかし当時、僕は知事に就任してまだ半年。**自分の態度、振る舞いが今後の府庁組織の体質を決めるという思いがありました。**そこで「運行記録もあるし、運転手さんはじめ多くの職員が、僕が公用車でフィットネスクラブに行ったことを知っている。メディアが取材すれば、事実は隠せない。だから事実はすべて公にした上で、公用車を使った理由をしっかり説明します」と職員に告げました。

事実を隠して後でバレたら、嘘つきのレッテルを貼られ、もう挽回不可能です。そのことによって職を辞した場合も、事実を隠して嘘をついたマイナスイメージが一生つきまといます。

だからこそ、**都合の悪い事実ほど、すべてを明らかにすべきです**。リーダーや権力を持っている者など、特にその態度振る舞いが注目されている立場にある者はなおさらで、日本のメディアを騙《だま》し切るのは困難です。

事実を明らかにした上で全力で釈明しても、なお批判が止まない場合には、辞職すればよい。

僕が臨時会見で語った要旨は、以下の二点です。

一．知事には勤務時間という概念がない。残業代も付かない。24時間365日、何かあれば出勤して仕事をしなければならない。逆に、休みの時間も自分の判断で自由に作ることができる。一般の職員や会社員とはまったく異なる立場である。その日も午後七時から残業代など付かない公務が入っていた。ゆえに空いている時間を自分のために有効に活用しなければ、知事の職務などできない。その日は午後が空いていたので、フィットネスに使わせてもらった。

二．僕は日ごろ殺害予告なども受けており、24時間365日、大阪府警、ＳＰに警護してもらう立場にある。一般の府民や職員の状況とは異なる立場で、家を出てから家に帰るまで、税金で身を守ってもらう必要がある。この点でプライベートと公務の区分けはない。暴漢は、僕がプライベートのときには襲わないと約束してくれるわけではない。常に身を守る必要があるため、公用車を使わせてもらった。

右に述べたことには、一つの嘘もありません。知事のスケジュールは、仕事によっては土日も深夜も関係ない。台風が近づいてくれば待機を続けなければならないし、新型コロナウイルスなどの感染症が発生すれば、吉村知事のように連日、早朝から深夜まで庁内で対応に当たる必要があります。決まった勤務時間などありません。だからこそ、空いている時間をいつでも自分のために使える立場でもあります。

勤務時間という概念で働くサラリーマンの方からすると「平日の昼間にフィットネスなん

て！」と非常識に思われるかもしれませんが、土日の休みが保障されていない以上、自分で休みの時間を作るのが知事というものであると堂々と主張しました。

「配慮が足りなかった」などと言うつもりはさらさらありませんでした。こういう考えが嫌なら次の選挙で落としてくれればいい、という思いでした。

この件についても、手続的正義の考えに基づいた検討のプロセスを踏みました。公用車使用は可という立場を知事直轄のサポートチームに担わせて、使用不可と主張する秘書室と議論をしてもらいました。

そうすると僕の知らなかったルールが浮かび上がってきました。大阪府には公用車に関するルールがあり、あくまでも知事の仕事に限って公用車を使えることになっていましたが、正確なルールでは、庁舎や知事の仕事場所が出発点か目的地のときには、公用車を使うことができることになっていました。

つまり、庁舎や仕事場所から自宅を含むプライベートの場所へ向かうとか、プライベートな場所から庁舎や仕事場所へ向かう場合には公用車を使うことは可能で、今回、庁舎からフィットネスに行くことはルール上問題なかったのです。秘書室は、世間の目を気にして反対を唱えていたのです。

さらに、知事を警護するという目的であれば、プライベートな場所からプライベートな場所へも公用車を使うことができるはずだという議論になってきました。つまり自宅からフィットネスに行くにも公用車は使える、と。

これまで各自治体において公用車使用の在り方が問題となった事例から考えると、自宅からフィットネスに公用車を使うというのは信じられないことです。しかし僕は、この議論を踏まえて、そのようにルールを変更しようとしました。

「知事は24時間365日、身を狙われる危険性がある。だからこそSPが付いている。一般の人たちは移動手段、通勤手段として車を利用するけれども、知事は護衛のために使う」というロジックが腹にストンと落ちたのです。

僕以前の知事は、しょっちゅう殺害予告を受けるようなことはありませんでした。だから府庁の幹部もそこまで護衛の必要性を感じていなかったのでしょう。しかし、この議論を踏まえて、僕の状況について府庁組織が理解してくれるようになりました。

このプロセスを踏んだ上で、僕は公用車に関するルールを変更しました。公用車の名称も「知事警護専用車」に変えました。知事の警護専用車なので、知事の仕事以外にも知事を24時間365日守るために使える、というロジックです。

ただし、併せて知事の仕事以外、つまり自宅を含むプライベートな場所からプライベートな場所で移動する際に使用した時には、使用履歴をホームページで公開することも付記しました。知事の仕事以外で使った場合は詳細に公に残し、判断は有権者に委ねる仕組みにしたのです。これも手続的正義の考え方に基づく適切な議論から生まれた結論です。僕一人ではとても浮かんでこないアイデアです。

ここまでしっかりとロジックを固めた上で、僕は公用車の使用に関する記者会見に臨みました。記者たちは、「今回ばかりは橋下をとっちめることができる」と思っていたのでしょう。「平日の昼のフィットネスに、公用車利用。どう考えても橋下知事が悪い。有権者も絶対におかしいと感じているはずだ」と厳しく追及してきました。

それに対して僕は事前に準備したことを、堂々と述べました。自分は24時間３６５日、知事の立場を離れることができず、命を狙われる立場にある。あなたたち記者とは違う、と言い切り、公用車は警護専用車として24時間３６５日使えるルールに変更したことを伝えました。だけど完全なプライベートで使った場合にはすべてホームページに公開して有権者の審判を受けるようにする、とも。記者たちはもう何も言えません。

ちなみに、このようにルール変更しても、知事を辞めるまで、知事の仕事以外で知事警護専用車を使うことは一度もありませんでした。ルール自体は完全プライベートでも使えるように変更しましたが、実際には使わなかったのです。

むしろ知事警護専用車の使い方については、自主的に最も厳格にやりました。

現在、大阪はおそらく全国一、公用車（警護専用車）利用に関して厳格な自治体です。松井一郎大阪市長も、吉村洋文大阪府知事も同じやり方を踏襲し、少しでも知事・市長の仕事に関係しなければ、途中で公用車から私設秘書の車に乗り換えるようにしています。

選挙のときに面倒くさかったのは確かです。選挙は知事・市長の仕事ではなく、あくまでも政治家としての活動だから、知事・市長警護専用車はあえて使いませんでした。知事・市長の仕事から選挙応援の現場までは本来は堂々と知事・市長警護専用車を使えるのですが、そこは自制して、道路の途中で私設秘書の車に乗り換えていました。

たとえば役所から自宅への帰り道に、僕が通う散髪屋がありました。役所から散髪屋までは警護専用車。でも散髪屋から自宅までは、妻に迎えに来てもらったり、タクシーで帰ったりしました。繰り返しますが、ルール上は警護専用車を使えるにも関わらず、です。このようにすると組織の意識が引き締まります。

他の知事や市町村長はおおらかで、僕が「これは知事・市長の仕事ではない会食だ」と判断して私設秘書の車で向かったところ、他の首長たちはみんな公用車で来ていて、会食が終わるまで運転手を待たせていたということが多々ありました。

信頼される謝り方のポイントは「ここまでやるか！」

大阪市長時代、僕は、役所の職員組合と厳しく対立しました。組合が職員（労働者）の権利を擁護《ようご》する立場であることは最大限尊重するけれど、その枠を超えて府政・市政運営（経営）管理に関与したり、政治的中立性を欠いたりする態度は許さない、という姿勢で臨みました。

結果として、職員組合から労働委員会への申し立てや裁判の訴えをいくつも起こされました。僕の主張が認められたこともあれば、認められなかったものもあります。

あるときは僕の主張が認められず、適正な労使関係を築くことを命じられたこともありました。この場合には、その旨を誓った文書を職員組合に交付することになっています。

役所の幹部と対応を話し合ったところ、幹部たちは、担当の副市長と幹部が組合に出向いて誓約書を交付し、今後の協議をする段取りを考えていたようです。

しかし僕は、当該行為の全責任者である市長の自分が組合に頭を下げに行く、と提案しました。いままで徹底的に組合とやり合ってきたので、僕が組合に頭を下げに行くとは想像できなかったようです。幹部は立場上、僕に対して「市長が謝りに行ってください」とは言えないでしょうから、トップ自らが提案するしかありません。

通常謝ることはないだろうと思われている立場の人間が謝罪するからこそ、謝罪・反省の意が相手に伝わって事後挽回として有効になる。相手には「そこまでやるか！」と感じてもらえますから。

こちらの主張が通らず、公的機関から注意命令を受けたのは曲げようのない事実です。であれば謝るしかないし、どうせ謝るなら徹底してやったほうがよい。

僕は、市役所庁舎の外にある職員組合事務所まで足を運びました。公開の場で頭を下げることにしていましたから、多くのメディアが事務所に陣取っていました。僕が現れると、テレビカメラは僕の一挙手一投足を追い、新聞社のカメラは一斉にフラッシュを焚《た》き、僕が組合の代表に深々と頭を下げている場面をガンガン報じました。

大阪ではその時の映像が繰り返しテレビで流れ、新聞にも大きく写真が掲載されました。テレビのコメンテーターからも好き勝手に批判されましたが、謝るべきところはごまかさずにしっかり謝る、という姿勢は示せたと思います。組合との関係も、認めるものは認め、一線を越えるものは認めない、という節度あるものになりました。

公開で頭を下げて謝ることにより、ＴＶのコメンテーターたちからは散々馬鹿にされたコメントをもらいました。しかし、その後の選挙などでも勝ち続けたことを考えると、府民・市民の皆さんからそっぽを向かれるような事態には陥らなかった、なんとか挽回できたと思っています。ただし、さすがに謝罪の言葉はかなり小声になってしまったことは今も覚えています（笑）。

コラム

「批判を恐れて何もしない」社会にならないために

二〇二一年四月～五月にかけて、大阪府で新型コロナ感染者が急増しました。五月一日には過去最多の一二六二人の陽性者を確認しています。こうした状況を受けて、四月十九日に吉村洋文知事は政府に緊急事態宣言の発出を要請すると表明しました。

この件に関して、吉村知事が二月末日をもって東京などよりも早いタイミングで二回目の緊急事態宣言を解除したことが「早過ぎたのではないか」と批判されました。さらに医療も逼迫していることから、今（二〇二一年五月現在）も批判の嵐が強まっています。

昨年来、吉村さんのコロナ対応の評価はうなぎ登りでした。ところが、ここにきて一気に批判モードに転落しています。

しかし、ここまで何度か言ってきたように、緊急事態宣言の発出・解除のタイミングの絶対的正解がわかっている者などどこの世に存在しません。

こういう時、感染拡大をとにかく抑えたいコメンテーターの人たちは、「緊急事態宣言を早く出せ！」「飲食店は休業せよ！」「人流を抑えろ！」と言います。ですが、宣言が出されることや、休業を求められることで大きな不利益を受ける人も山ほどいます。だから、そういう人たちにまで配慮しなければならない知事や政権を預かる政治家たちが、安易な緊急事態宣言の発出や休業要請に躊躇《ちゅうちょ》してしまうのは当然のことです。

また宣言を解除するときも、宣言を継続することで不利益を受けるお店のことと同時に、宣言を解除することで感染が拡大するリスクにも配慮しなければなりません。

そんな中で、知事や政権を預かる政治家は、苦渋の判断を下さなければならないのです。しかし知事や政治家たちは、神様ではないのですから、判断によって必ず良い結果を導くことができるとは限りません。彼ら彼女らの判断によって悪い結果が生じることだってあります。

そのときにメディアは知事や政治家たちを一斉に批判するでしょうが、このように悪い結果が生じたことだけで凄《すさ》まじい批判が沸《わ》き起こるような環境だと、ゆくゆくは重い判断をする政治家がいなくなってしまうと思います。皆、批判を恐れて何もしない、判断を先送りにする、という姿勢になってしまうのではないでしょうか。

本書では「手続的正義」の考え方に基づき、人々の納得を導くプロセスの重要性について述べてきましたが、法律の世界、それも商法・会社法の世界における、会社の経営陣の責任評価においても、「結果の良し悪しではなく、その判断プロセスの適切さに着目する」評価手法が確立されています。

大きな会社になると、経営陣の判断如何《いかん》によって大きな利益を得ることができますが、反面、大きな損失を被《こうむ》る場合もあります。

この場合、**大きな損失を被ったからといって常に経営陣の責任を問うていけば、経営陣は重大な決断をしなくなってしまいます**。莫大な賠償責任を負わされることを恐れずに、ガンガン決断を下すことのできる人間なんてなかなかいません。

だから悪い結果であろうとも、適切な判断プロセスを踏んでいたのであれば、責任を問わないとする「**ビジネス・ジャッジメントルール**」（経営判断の原則）というルールが確立されています。その際の適切な判断プロセスとは、

一．事実調査、情報収集をきちんと行っていること

二、判断の指標を、事前に透明なプロセスで定立していること
三、その指標に基づく判断を、透明・公平・公正な議論を踏まえて行ったこと

というものです。

このようなプロセスを踏まえて判断したのであれば、たとえ悪い結果、大きな損害が出たとしても判断した者の責任を問わないことにする、とされています。

ゆえに裏を返せば、このような判断プロセスをきちんと踏むのであれば、判断権者は、悪い結果のことを考えて重大な判断を下すことに躊躇する必要はない。いや、むしろ積極的に決断していくべきと言えます。

こうした環境が整えられていれば、判断権者は及び腰にならずに重大な決断を下すことができるし、逆にそのような環境を整えることがなければ、判断権者は重大な決断を下すことなく、判断の先送りに終始するようになります。どちらのほうがいいのか。これはもちろん前者です。

政治はもちろん結果責任という側面があります。しかし、政治は大企業経営と比べて

も、その判断によってははるかに大きな結果をもたらすものです。たとえば地域全体に対する結果、国家全体に対する結果など。そしてそれらには、良い結果もあれば、悪い結果もある。

とてつもなく大きな悪い結果が出たときに、それを判断した政治家を、通常の批判を超えて、社会的抹殺にも等しい集団リンチ状態に追い込めば、そのような状況を見ている周囲の政治家たちは、そんな状況を恐れて重大な判断を避けるようになります。それは地域の政治、国家の政治にとってよくないことです。

つまり、**政治の世界においても、政治家が適切な判断プロセスを踏んでいたかどうかを重視する評価をしていくべき**だと考えます。

大阪府の新規感染者数は二〇二一年二月に入る頃から二〇〇人台から一〇〇人台程度に下降し、二月の下旬には約一〇〇人で推移していました。これは政府が定めた指標に基づけば「ステージ2」ということになりますが、新型コロナウイルス感染症対策分科会の尾身茂《おみしげる》会長も、ステージ2が緊急事態宣言解除の一つの目安と公言していました。むしろ政府は、それよりも感染状況が厳しいステージ3でも宣言解除になるとしていました。大阪の当時の病床使用率は、ステージ2に近い状態になっていた。

だからこそ、吉村さんは政府が定立したステージ1から4の指標に基づいて、宣言解除の判断を下した。その際には、大阪府に設けられた専門家会議の議論も踏まえています。この会議はフルオープンで公開しているものです。大阪府の専門家会議は二月末日において緊急事態宣言を解除してもいい、という判断に至っています。

他方、緊急事態宣言を発出することや解除することは、法律上、政府の権限と責任となっています。ゆえに吉村さんは、大阪府において宣言を解除すべきという結論を得た上で、政府に対してそれを要請しました。そして政府や政府の専門家会議は議論の上、大阪府の緊急事態宣言を解除することは妥当だとしました。

しかし、残念ながら、その後大阪の感染者数は拡大していきました。イギリス型変異株が流行り出し、感染拡大はこれまでにないスピードで広がり、医療状況も逼迫してきた。ここで吉村さんに対する批判が一気に沸き起こったのです。

吉村さんにも色々と言いたいことがあると思います。記者などから「宣言解除が間違っていたのではないか？」と問われたときに、「間違っていたとは思わない」と言い切ることを続けています。僕も、自分が知事や市長のときには、吉村さんと同じように反応していたと思います。しかし、今や一国民、一コメンテーターという立場です。その視点からすると吉村さんも、宣言解除の判断が間違っていた「可能性」までは認めたほうがいいのではないか、と感じています。

「現在感染拡大、医療逼迫という客観的事実が存在する以上、宣言解除の判断が間違っていた可能性は否定できない。しかし、今から振り返って考えるからそのように言えるわけで、何が正解かわからない当時の判断としては、適切なプロセスを踏んだ上で宣言解除の判断をするしかなかった」

吉村さんは、このように言えばよかったのではないかと思います。

先ほどのビジネス・ジャッジメントルールに即して言えば、吉村さんは、緊急事態宣言の解除について適切な判断プロセスを踏んだと言えます。

もちろん政治権力に対する適切な批判は必要だし、吉村さんも間違っていた可能性くらいは認めたほうがいい。しかし、感染拡大の結果をとらえて、「吉村さんが何もしていない」「のんきなものだ」「政治家として失格」とすべてを否定するような批判は、政治をよくすることに繋がりません。しかし残念ながら、そのような批判を展開しているコメンテーターや学者たちがいかに多いことか。

そして、あの吉村さんですら、もう新型コロナ対応は政府にすべて任せておく方が楽だという気持ちになってしまっているのではないでしょうか。吉村さんの言動をみると首長自らが社会経済活動を止めたり、再開したりするよりも、政府の判断に任せたほうがいい、というニュアンスが強くなったように感じます。これは残念だし、国や大阪にとって決していいことではありません。

第4章

トラブルの時こそ「意思決定の技法」を使う

危機管理マネジメントの七原則

不祥事が起きた！　どう信頼を回復するか？

前章までは、主に「決断」に至るまでの適切なプロセス、手続きについて見てきました。しかし、決断に至る過程において、また決断した後に実行する過程において、物事がシナリオ通りに進まず、様々なトラブルが発生することもあるでしょう。世間から思わぬ大バッシングを受けるような不祥事や、自然災害などの大きな危機に遭遇することもあるかもしれません。

本章では、様々な事例を取り上げながら、危機管理の手続きや危機における決断について述べていきたいと思います。危機管理の手法は、政治もビジネスもまったく同じです。

不祥事の場合であれば、最大の目標は「**信頼の回復**」。重要なのは、**違法・不正がなかったという主張にこだわり続けないこと**です。周囲から疑われるような事情がなかったかどうかを謙虚に吟味しなければなりません。絶対的な違法・不正にこだわる考え方は、絶対的な正解を追求する考え方と同じで、まさに実体的正義の思考です。

そうではなく、絶対的な違法・不正がなくても、周囲から疑われるような事情があればそれを正していく。この考え方は、まさに手続的正義の思考です。周囲からの信頼を回復しなければ、何を言っても、何をしても、それを正しいとみなしてくれなくなるからです。

まずは、安倍政権時代に発生し、なかなか収束しなかった森友学園問題を例に挙げたいと思います。

森友学園問題とは、二〇一六年六月に学校法人森友学園に払い下げられた国有地（大阪府豊中市）の価格について、近畿財務局が提示した価格が一億三四〇〇万円と、不動産鑑定士の評価額九億五六〇〇万円より不当に安いことに端を発した問題です。交渉時には当時森友学園の理事長だった籠池泰典氏が、安倍総理（当時）の妻である安倍昭恵氏との交流を強調していたことなどから、安倍夫妻の影響があるのではないかと疑われました。

くわえて、この問題に関しては、森友学園の国有地売却に関する財務省の決裁文書の改ざんがあったことも明らかになりました。財務省元理財局長であった佐川宣寿《のぶひさ》氏が国会に証人喚問《かんもん》され、さらには「廃棄した」とされた交渉記録が国会に提出されるなど、安倍総理に対する官僚の忖度《そんたく》があったのではないかと問題視されました。

この問題が収束しなかった最大の理由は、当初、安倍政権が説明していた内容と異なる事実が次から次へと出てきたからです。

大前提として、問題となった森友学園への国有地売却をめぐって安倍政権が直接関与・指示したり、賄賂《わいろ》を受け取ったりするなどの違法・不正な事実を裏付ける証拠はいまだに出てきていません。

これらが問題視されるなかで、安倍政権や総理を擁護する人たちは、森友学園問題はあくまでも財務省と籠池氏が起こしたトラブルであって安倍総理や昭恵夫人は関係がなく、違法・不正はない、と主張しました。

他方、安倍政権を批判する人たちは、安倍政権の直接的な関与・指示や収賄《しゅうわい》などの違法・不正行為があり、すべては安倍政権の意図による不正だと主張しました。

これらの主張の根底にあるのは、実体的正義の考え方です。つまり、絶対的な違法・不正があったかどうかを論点としています。

しかし僕は、問題の真相は、手続的正義の欠如にあったと考えています。安倍政権による直接的な関与・指示や収賄などの違法・不正行為がなかったとしても、国民の信頼を著《いちじる》しく損なう事情が露見し、その信頼を回復するための適切な対応を怠《おこた》ってしまった。

昭恵夫人は、現職総理の配偶者だったわけですから、そこには高度な信用力があり、行政組織に対して一定の影響力があることは間違いありません。**絶対的な違法・不正がなかった**

としても、これらの国民の信用を失う行為については真摯に反省する必要がありました。

ところが安倍さんは、「自分たちには一点の曇りもない」と語るのみです。これでは国民の信頼を回復することはできません。そして国民の信頼を回復することができなければ、民主国家における政権は終わりです。

信頼失墜が一定の限度を超えると、政府が何を言っても国民が耳を傾けなくなってしまいます。こうなると、政権を維持することが難しくなります。民主主義におけるポイント・オブ・ノーリターン（引き返せない地点）といってよいでしょう。

このような事態を防ぐには、実体的正義ではなく、手続的正義の考え方が必要です。絶対的な違法・不正がなかったことをひたすら主張するのではなく、周囲に疑われる事情があったのであれば、その点は真摯に認め謝罪し、そして、疑われる事情を取り除く必要があるのです。

論理的な正当性さえ主張していればいいというわけではありません。国民の主観的な満足度も上げなければ、国民の信頼を手繰《たぐ》り寄せることができないという現実があるのです。

森友学園問題の安倍政権の危機管理は、不祥事によって危機が生じた時にやってはいけない反面教師の対応が多い。それらを整理し、危機管理対応における適切なプロセス・手続きを示していきたいと思います。

トラブル時の事実確認は部下に任せるな

危機管理対応のプロセス・手続きにおいては、「**事実確認**」こそがイロハのイです。誤認した事実を前提に釈明をしたり、対応策を考えたりしてもまったく無意味です。また、当初の釈明と異なる事実が後に出てくれば、それだけで信用はガタ落ちとなります。

信用を落とす一番の要素は、虚偽の説明です。意図的な虚偽でなくても、説明していた事実と異なる事実が出てくるだけで、それは嘘とみなされて信用を落とすことになります。したがって、何よりも肝心なことは徹底した事実確認です。

大組織ほど陥る罠《わな》として、**リーダーは下からの報告を鵜呑《うの》みにしてしまいがちです。**組織のリーダーは日ごろ膨大な量の案件に対応しなければならない。現場で起きている状況のすべてを詳細に把握することには、多大なエネルギーを要します。だから危機が生じたときもつい、事実確認を組織からの報告に委ねてしまいます。しかし、そこで「罠」に引っかかってはいけません。危機における事実確認はリーダーが「自らの手」で行うことが原則です。

森友学園問題を見ても、多忙を極める安倍政権はこの問題だけに取り組むわけにはいきませんでした。アメリカや中国、北朝鮮との外交問題から、働き方改革や待機児童対策などの内政問題まで、取り組まなければならない課題が無限に存在していました。

無限の課題の中の一つが森友学園問題で、それゆえに一国のリーダーたる安倍総理、そして国有地売却の所管である財務大臣の麻生太郎さんが、本件に関する事実確認を部下からの報告に委ねたとしても不思議ではない。しかし、これが罠なのです。

最大目標である「信頼回復」の第一歩は、信頼回復のために全力を尽くすリーダーの決意と覚悟にあります。一見、小さなことに見えるかもしれませんが、すでにメディアと国民の注目が集まってしまった問題の対応は重大です。部下・組織に委ねる姿勢ではなく、**自ら「疑われる事情はなかったのか」について、確認をしなければならない。**それこそ組織に直接、指揮命令を出して事実を把握していくべきでした。

国有地が大きな値引きで売却された経緯、それに関する資料の有無、昭恵夫人の存在が影響したのか、などについてです。資料の有無の確認までトップがやる姿勢を示せば、その後大問題になった財務省の担当部局が組織ぐるみになって安易に資料を廃棄したことを防げたかもしれません。

安倍政権が森友学園問題について、財務省や内閣府という組織からの報告を信用しきってしまったとすれば、それが第一の失敗です。

組織が隠したがる事実を引きずり出す方法

危機のときには、リーダーのマネジメント能力が問われます。曖昧《あいまい》で不明確な指示では組織の動きは鈍くなりますし、部下たちは組織防衛のため、不都合な事実を隠そうとします。

これを端的に表しているのが、二〇一六年からの自衛隊の日報不開示問題です。これは自衛隊の南スーダン国連平和維持活動（ＰＫＯ）やイラク派遣の活動報告書（日報）について、防衛省が「存在しない」としていたにもかかわらず、その後見つかった事件です。防衛省・自衛隊による組織的な隠ぺいの疑いがかけられ、文民統制（シビリアン・コントロール）の根幹を揺るがす問題として世間を騒がせました。

このとき、稲田朋美防衛大臣（当時）は、廃棄されたというイラク派遣における部隊日報について、防衛省・自衛隊に「本当にないのか」と確認したようです。でも、この程度の質問ではまだ組織は本気で動きません。

リーダーは「**組織は、自分たちに都合の悪い事実は必ず隠す**」と肝に銘じなければなりません。組織が伏せる情報を引き出すには、「何月何日までに日報の有無を報告せよ。もし

『ない』と報告したのちに発覚したら、以下の処分を行う」など、具体的で明確に指示をすることが必要です。

また僕は公職就任前の弁護士時代、保険会社の顧問弁護士を務め、保険金詐欺《さぎ》の疑い案件に関する調査を多く手掛けました。強制捜査の権限がないにもかかわらず、任意で証拠を集め、任意で関係者から話を聞いていく。詐欺であることの状況証拠を限りなく積み上げた上で、詐欺の疑いのある保険金請求者にそれをぶつけ、最後は請求を取り下げさせることの連続でした。

よほどの状況証拠の積み上げがないと、相手も保険金の請求の取り下げなどしません。数百万円、場合によっては数千万円、数億円の請求を捨てるわけですから。

相手が保険金詐欺を完全に認めることはまずありませんが、「もし保険金請求をすれば詐欺罪で刑事告訴され、有罪になる」という状況証拠を積み上げると、相手は自《おの》ずと保険金請求を取り下げます。

このような事件を数百件もやってきたので、真相解明のコツは心得ていました。知事、市長になって組織の不祥事による危機が発生した際も、自ら陣頭指揮を執《と》って組織を動かし、真相の解明に取り組みました。

組織が組織にとって都合の良い報告をあげてきたり、組織に不都合な事実を隠したりしてきても、関連する他の証拠や他の主張との矛盾点を突いて、真実を究明していく。それを繰り返すうちに、組織は不都合な事実を最初から出してくるようになりました。

「責任はすべて取る」と明言すれば、不都合な情報も集まってくる

その際、トップとして組織に号令を出していたのは「**出すと不都合、不利な情報ほど、早く上げるように。隠してバレたというのは最悪で、挽回不可能。不都合な事実、情報を出した後の批判に対する対応は僕がやる**」というもの。これを繰り返し言い続けて、実践してきました。

不都合な情報が出てきたときに、リーダーがオロオロ動揺したり、ましてや部下を怒鳴りつけたりするようでは、組織は悪い情報を出さなくなります。

また、リーダーが「何も問題はない」「一点のやましいところもない」と最初に言い切ってしまうと、組織として悪い情報を上げられなくなります。

ゆえに真相の解明に挑むリーダーの号令、態度、振る舞いは重要なのです。

そして、自らの手で確認できた事実を中心に、世間や相手方に対して説明を行う。ただ、これが意外に難しい。人間はどうしても自分の行為を正当化したくなるので、自分に不都合な事実はあえて公にしなかったり、自分に都合のいいように解釈したりしてしまうものです。

しかし、繰り返し述べますが、**最初の段階で、自分の行為を正当化し、責任を否定する姿勢を示すようなことは絶対にやってはいけない**。後に、自らの説明に反する事実が出てきた場合、回復しがたいほど信頼を傷つけることになるからです。あくまでも事実を中心に説明をしてください。

日本のように国民の教育レベルが高く、報道の自由が保障された民主国家においては、事実を隠し通すことは難しいことを肝に銘じるべきです。複数人が知っている事実は、必ずどこかで明らかになります。正義に燃えて事実を暴露する人間が必ず存在します。

またややこしい内容の会話は、ＩＣレコーダーで録音されていると考えておくべきです。そしてなんといってもＳＮＳの時代です。大手マスメディアが報じなくても、一個人が発信した内容があっというまに世間に広がります。

ゆえに不都合な事実を隠し通せるとは絶対に思わないことです。

「オフレコは必ず広まる」と心得よ

そして、**不用意な発言は、どこの場所においても絶対にやらないことです。**場の雰囲気などで調子に乗って話してしまうということは絶対にやってはいけません。一番ピンチになったときに、そのような会話内容が表に出てくるものです。

僕は政治家がよくやる「オフレコ」、ここだけの話というものを一切しませんでした。酒場で酔っ払ったときにする話も、必ずどこかで出回ると自覚して喋《しゃべ》っていました。特に政治家はお喋りが多く、秘密を守れない人が多い。「誰々がこう言っていた」という話を吹聴《ふいちょう》するのが大好きで、僕の話も必ずどこかで話されるんだろうな、と覚悟していました。

余談ですが、『ハウス・オブ・カード 野望の階段』というアメリカの大ヒットした政治ドラマがあります。策略・謀略の限りを尽くして一議員から副大統領、そして大統領に上り詰めていくストーリーです。オバマ元大統領もファンだったそうで、安倍前総理が「(副総理の)麻生さんには見せたくない」と発言したり、習近平国家主席も「中国には『ハウス・オブ・カード』のような権力闘争はない」と言及したりして話題になりました。

このドラマが現実の政治の世界とはかけ離れているところは、政治家である主人公の策略・謀略の会話が一切、ＩＣレコーダーで録音されていない点です。物語上の発言がメディアで公になったら、直ちに主人公は失脚してドラマは成立しなくなるでしょう（ただし、作中では他の人物の謀略だけは暴《あば》かれて彼だけが出世していきます（笑））。

口が軽い、というのは日本の政治家に限ったことではありません。人間誰でも基本的にはお喋りですし、いざというときには正義感に駆られて事実を公にする。

森友学園問題では、財務省の佐川宣寿元理財局長が「森友学園側と国有地売却についての事前の価格交渉はない」と強弁していたのに、事前の価格交渉を示唆《しさ》する会話を録音したＩＣレコーダーの音声が出てきました。財務省が組織ぐるみで関連する公文書を廃棄し、文書改ざんの事実を隠してきたのに、最後の最後になって文書が残っていることが判明し、公文書改ざんの事実が公になりました。ほかにもメディアを通じ不正・不適切な事実が次から次へと出てきました。

不都合な事実は隠し通せません。そして、最初に不都合な事実を隠しておいて、虚偽の説明をした後に、当初の説明と違う事実が出てくると、信頼失墜のスパイラルが止まらなくなります。この状態になると、本当に違法・不正があったのかどうかは問題ではなくなり、ただただその人の言うことなすことを信頼できないという状況に陥ります。

まさに、正しいかどうかを問う実体的正義の問題ではなく、もはや何を言っても正しいとは「みなされない」という手続的正義の問題になってしまうのです。こうなることだけは絶対に回避しなければなりません。

謝罪後は具体的な行動を見せること

謝罪については前章で述べました。加えて実践的な危機管理における謝罪のノウハウとしては、「そこまでやるか！」と思われるほどの謝罪と反省をすることで序盤を乗り切ったのち、**同じく「そこまでやるか！」と思われるほどの事後挽回の行動をとること**が必要です。

謝罪と反省をしてもその後の具体的な行動が伴わなければ、「口だけだったのか」との失望が生まれます。

森友学園問題のケースでは、「記録を廃棄した」という話が虚偽であったことが明らかになったのであれば、関係者へのヒアリングを徹底的に行って事実確認をするのは、どんな組織でもやっている当たり前のことです。

僕の経験では、一年程度の直近の話なら、関係者へのヒアリングで事実は十分に明らかになります。官僚は優秀ですから、一年前程度の過去の出来事を関係者全員が忘れるなんてことはありえません。官僚レベルなら、普通はなんらかのメモ類を残しているはずですし、そのような文書記録がなくても頭の中に記憶しています。もし本当に忘れているなら、そんな記憶力で日本を動かしていることのほうが恐ろしい。

にもかかわらず、「記録はない」「適切な廃棄処理をしているから問題はない」と言い続けた財務省は、その説明が虚偽であったことが判明しても、事後調査をろくにしませんでした。虚偽は認め、謝罪は一応するのですが、さらなる徹底調査はやらない。これでは事後挽回、信用回復は覚束《おぼつか》ない。

このようなときに大号令をかけて、事後の徹底調査を行うのが政治の役目なのですが、安倍政権も動きませんでした。

整理しておくと、不祥事の際の危機管理とその対応のプロセス・手続きは、次の通りです。

一．事実確認ができるまでは、自分の責任を否定するような断言はしない。後で当初の発

言を覆すような事実が出てくれば、取り返しがつかない。

二．都合の悪い情報ほどすべて公開する。隠して後でバレるのは致命的。

三．情報をすべて公開した上で、主張すべきところは主張し、謝るべきところは徹底して謝る。

四．調査や議論をすべてオープンにする姿勢で信頼を得る。不正のあるなしにかかわらず、「隠している」という雰囲気を世間は最も嫌う。

五．実体的正義の考え方に基づいて違法・不正があったかどうかにこだわってはならない。手続的正義の考え方に基づいて、疑われる事情があったかどうかにこだわる。

六．疑われる事情があったのであれば、素直に謝罪・反省する。

七．謝罪・反省したのであれば、信頼回復のために事後の挽回行為に全力を尽くす。


巷に危機管理の書物は溢れていますが、現実的なポイントは以上の七つのようにシンプルなものです。にもかかわらず、なかなか実践できない。いま挙げた七点の反対のことをやってしまうのが人間というものだ、と自覚しておけば、危機管理対応において軽率な失敗を防ぐことができるでしょう。

以上のような危機管理対応のポイントを踏まえて、手続的正義の考え方に基づく適切なプロセスを端折らずにきちんと実行すれば、必ず多くの人に納得してもらえるはずです。事後の挽回行為を評価されてはじめて、信頼回復の道が開けてきます。

日大アメフト問題に見る「信用失墜のスパイラル」

危機管理対応の失敗例として、もういくつか事例を挙げてケーススタディをしてみましょう。

二〇一八年に、日本大学のアメリカンフットボール部の悪質タックル問題がニュースになりました。関西学院大学との伝統の定期戦で、日大のある選手が関学大のクオーターバック（QB）に危険なタックルをして負傷させました。このラフプレーが監督の指示に基づいていたのではないか、との疑惑が浮上しました。

該当するプレーの動画がインターネット上に流れ、瞬《またた》く間に大手メディアを通じて日本中で大騒ぎになると、当事者である監督は雲隠れしてしまい、日本大学も明確な説明を行いませんでした。そして、最初に公に出した声明は「ラフプレーを監督が指示したことはない」との全否定、自分たちの正当化。

説明不足、謝罪不足、調査不十分のままで疑惑を全否定するという、危機管理対応の初動として最悪の振る舞いでした。

初動の時点でまず考えるべきなのは、被害に遭ったプレーヤーの学生が後遺症なく回復すること。併せて、加害プレーヤーの学生を守ることも必要でした。学校の面子《めんつ》や再発防止策の検討は、その後の話です。

案の定、大学が初動対応に失敗すると、被害者と加害者の学生の顔と名前があっという間にインターネットで全国に拡散され、加害者は袋叩きにされてしまいました。

そもそも今回のラフプレー自体、ネットの存在がなければあれほど世間に注目されず、闇に葬られていたかもしれません。

加害者の学生は確かにやり過ぎで、アメフト選手として猛省しなければならないことは間違いありません。しかし、まだ彼は大学生です。後悔し、反省している様子も明らかでした。

加害者が未来のある若者であり、猛省しているのであれば、過剰な社会的制裁からは守る必要がある。これが組織としての日本大学とアメフト部に課せられた危機管理対応の第一のミッション（使命・目標）です。

ルール違反であるラフプレーに対する罰として、あの学生に加えられた社会的制裁は重過ぎる。悲惨な状況を招いたのは、日本大学とアメフト部です。事実関係の調査と説明が不十分で、かつ十分な謝罪を行わず、むしろ自分たちの責任を全否定し正当化してしまった。そのことで、国民全体がモヤモヤした不満を募《つの》らせてしまい、加害学生に対してはもちろん、日本大学、アメフト部の監督・コーチ陣に対しても誹謗《ひぼう》・中傷がエスカレートしてしまったのです。

後の刑事捜査において事実関係が明らかになったところによると、アメフト部の監督・コーチ陣によるラフプレーの指示は認められませんでした。しかし、違法・不正があったかどうかという実体的正義にこだわったがゆえに、危機管理対応の初動に失敗したのです。なぜ周囲に疑われてしまったのか、その事情を取り除くプロセスを重視しなかったこと、つまり手続的正義の思考が欠如していました。

事実関係が明確になるまでは、自分の責任を否定しない、自分を正当化しない。事実関係を明らかにするために全力を尽くす。そして適切に説明していく。

前述した、この危機管理対応のプロセスを踏まなかったがゆえに、信頼失墜のスパイラルに陥ってしまったのです。

日大が初動対応で犯したミスとは

日本大学が初動で即座にやるべきだったのは、責任者会見の設定です。メディアの報道状況から大きな事案になることを察知し、大学全体の問題と認識して学長が乗り出すことが必要でした。

ここで「大学全体の問題になる」と気付けない人は、危機管理の担当者として失格。簡単に言えば、メディアの状況を見て、どれだけの騒ぎになるかを予見する能力が日本大学には欠けていました。

危機管理対応において重要なことは、**周辺の騒ぎの状況から、本件がどれだけ大きな問題になるかを予測することです**。そしてこれは、少々恐れ過ぎるほどに、大きな問題になると予測した方がいい。

僕が大阪府知事、大阪市長のとき、役所の職員が起こした個々の不祥事に関するメディアの報道状況を見て「これは役所全体の問題になる」と感じたら、担当部署の幹部に任せっきりにせず、自ら会見の前面に立ちました。

日本大学・アメフト部としては、自校チームの危険なプレーによって相手チームに被害者が出ている以上、自分たちの行動を正当化する要素はまったくありません。徹底的に謝らなければならない事案であることは明らかで、とにかく公に被害者および相手のチーム・大学に謝罪する必要がありました。

謝るときには、前述の鉄則から、中途半端な謝罪は最悪。「ここまで謝るか！」というくらい、最初にしっかりと謝る。小出しに謝るのはまったく効果がありません。

さらに初動として致命的な誤りだったのは、**自分たちの責任の全否定から入ったこと**。

当時の報道では、監督の指示によるものかどうかが問題視されていました。日本大学とアメフト部は、少しでも自分たちの責任を軽くしようと考えたのか、最初の公の声明で「監督の指示という事実はない」という全否定から入ってしまった。この一言が、以後の危機管理を最悪のものにした超重要ポイントです。たった一つの言葉による初動の対応ミスが、ダメージからの速《すみ》やかな回復を不可能にしました。

監督がラフプレーを指示したかどうかは、後から調査して確定すればよいことです。わざわざ最初の段階で全否定する必要はまったくありません。まず話さなければならないことは、「あのプレーはあってはならない反則行為であり、指示の有無に関係なく、チームの最高責任者である監督の責任である」ということでした。

かつてのアメリカでは、最初に責任を認めると、後の裁判で高額な賠償責任を負わされるので絶対に謝らない、という風習もありました。

しかし、**日本では道義的な責任と法的な賠償責任が明確に区別されています。**謝って道義的な責任を認めたからといって、後の裁判で高額な法的賠償責任を負わされることはありません。

最近は、アメリカでも法的賠償責任とは切り離して道義的に謝罪すべき、という流れになっているようです。加害者側が最初に謝らないことが、訴訟を長引かせる原因になっていることがわかってきたからです。

危機管理の対応は「初動が九割」

日大のラフプレー騒動は、問題の発覚から二週間ほど経ってから、監督がようやく表に出て「すべては私の責任であり、監督を辞任する」と公に謝罪しました。

謝罪と責任を認めることが遅すぎたがゆえに非難が大きくなってしまった。さらに「監督の指示に基づいていたかどうかについては今後話します」と釈明したことが、さらに責任逃れとして非難の的になりました。すべては日大という組織の「遅すぎるプレー」が原因です。

あのプレーはどう見ても完全にアウト。指示があったかどうかにかかわらず、チームの最高責任者である監督の道義的責任は免れません。実体的正義にこだわり過ぎました。やらなければならないことはただ一つ。トップの真摯な謝罪です。

学長と監督が公の会見で被害者の学生と関西学院大学に徹底して謝り、すべてはチームと学校の最高責任者の責任であることを明確にする。そして加害者の学生に反省と謝罪の意を、文書でしっかりと公に出させる。そして加害学生への直接取材は控《ひか》えてもらうようにお願いする。

その上で、「メディアで話題になっているラフプレーが監督の指示に基づいていたのかどうかの事実については、チーム内で若干《じゃっかん》認識の違いもあるようなので、第三者調査チームを設置して精査し、早急に公にする」と述べるべきでした。

報告の期限を公言すれば、なおプラスです。この程度の事実調査なら、一か月もあれば十分でしょう。

会見の場で、監督に「ラフプレーを指示したのかどうか」の質問が飛ぶことは予想されます。「いま自分の認識を言ってしまうと、第三者調査の対象になる関係者に影響を与えてしまいますので、ここで述べることは控えさせてください。第三者調査で真実をすべて伝えます」と答え、学長が一か月後の第三者調査の報告を受けてさらに記者会見をすると明言すれば、いきり立っている記者としても返す言葉もないでしょう。

こうした初期対応ができれば、危機管理の九割は完了。逆に言えば、**危機管理においては初動が九割を占めるということです。**

初動を誤らなければ、監督が即辞任を表明する必要はありませんでした。第三者調査チームの報告を待ってから進退を決めても、世間は許してくれたはずです。

最初に道義的責任を認め、徹底して謝罪し、事実確認のための調査に全力を挙げる。第三者調査チームの報告いかんによっては（監督に同情の余地がある場合など）、監督の再起もあっただろうし、日本大学のブランドが傷つくこともなかったでしょう。

初期対応をしっかりやれば、無用な批判や炎上はありません。近年の事例での危機管理のお手本は、京都大学iPS細胞研究所の山中伸弥教授（所長）でした。山中さんはiPS細胞研究所のメンバーである助教による論文不正事件で、危機管理の対応をすることになりました。山中さんは、徹底した謝罪と事実解明を実施しています。

二〇一八年一月二十二日、山中教授は記者会見で「同じような論文不正が二度と起こらないように取り組む」と責任を認めて謝罪しながら、加えて「他の研究とは無関係であることを理解してほしい」と、主張すべき点は主張しています。自身の進退については「どういう形が一番いいのか、すべての可能性を検討したい」と語るにとどめています。余計なことは言わず、言うべきことを語る。まさに理想形です。

山中さん自身は、危機管理を意識したわけではないかもしれません。でも、客観的にはパーフェクトな対応でした。結果、山中さんに対しては批判の声どころか、同情の声が上がったほどです。

「桜を見る会問題」はなぜここまで紛糾したか

安倍政権の「桜を見る会」問題が長引いたのも、初動の危機対応にミスがあったことが原因と考えられます。

「桜を見る会」とは、内閣総理大臣が、各界で功績や功労があった人を招待し、もてなす行事です。問題視されたのは、その人数と予算、招待客の内容です。二〇一九年の招待者は一万五四〇〇人、支出額も約五五〇〇万円にまで増え、さらに安倍総理（当時）の後援会関係者が多数参加したと指摘され、「公的行事の私物化ではないか」と批判されました。

この「桜を見る会」が不適切な運営だったことは間違いありません。総理や与党議員の後援会関係者を招待することが目的なら、日本政府ではなく、政党主催で行うべきでした。その場合、総理が主催するにしても「総理主催」「政府主催」ではなく、「自民党総裁主催」「自民党主催」という政治家主催の看板にすべきだったでしょう。政治と行政は厳密に区別しなければなりません。

この場合には、開催費用は、政党交付金や政治資金、さらには参加者の参加費で賄《まかな》うことになります。「自民党総裁主催」「政党主催」であれば、どれだけ後援会の関係者を呼ぼうと、与党の支持者を増やすための会であろうと、純粋な政治活動ですから何の問題もありません。

ただし、参加自体が政党の応援と捉えられますから、芸能人は参加しにくくなります。「桜を見る会」に芸能人が集まるのは、格好のアピール機会になるからです。多くのメディアで取り上げられますし、「総理主催」「政府主催」という会であれば、箔《はく》もつくと考えるのでしょう。「自民党の総裁主催」になれば当然、参加を控える人が増えます。政府・行政主催であれば中立・公正のイメージがあるけれども、政党・政治主催の場合は特定政党の応援者として色が付くからです。

「桜を見る会」については、①功労・功績を称える会は天皇・皇后両陛下主催の「園遊会」に一本化し、全国の自治体でも同時開催して招待者を増やす、②外交行事としての「桜を見る会」は続ける、③政治家が後援会の関係者向けに開く会は政党主催で行う、と整理すべきだと思っています。

そして功労・功績を称《たた》える会であるならば、招待基準を明確にしなければなりません。基準を作れば、おそらく「園遊会」とある程度、招待者が重なってきます。

そうなると、園遊会には呼ばれない人が総理主催の「桜を見る会」に呼ばれるということになり、一軍の園遊会、二軍の「桜を見る会」という関係になってしまう可能性がありま す。二軍的な「桜を見る会」であれば、招待されても参加を断る人も多くなるでしょう。

したがって、功労・功績を称える会は「園遊会」に一本化し、招待客の数を増やす、ないしは東京の園遊会に連動して、全国の自治体でも園遊会を開催する仕組みにして、両陛下のお姿をリアルタイムの映像で全国の会場に流す方法も採り得るのではないでしょうか。「桜を見る会」については、外交行事としての位置付けであれば堂々と大使や外交官を招待して酒を振る舞うことができます。日本の素晴らしい花見文化を世界各国に広めるには、格好の機会になります。

いずれにせよ、従来の「桜を見る会」のやり方は大きく変えるべきだし、曖昧な基準で招待客をどんどん増やし、いつの間にか総理の後援会向けの政治パーティーのようになってしまったことは大いに謝罪・反省すべきでしょう。この点は、上記のような改善策を宣言し、実行することですむ話だったと思います。

ルール上は問題なくても、不適切な対応は改めるべきだった

「桜を見る会」に関してさらに大きな問題は、前夜祭のほうです。

安倍さんは「桜を見る会」の前夜祭を、東京のホテルニューオータニで開催しました。後援会の関係者を対象にした、純粋な政治パーティーです。これに対して、参加費五〇〇〇円が「安すぎるのではないか」「プロの歌手を呼んで歌わせたことが有権者への利益供与にあたる」「安倍夫妻が無料で参加したことは問題ではないか」など、些末《さまつ》な指摘が多かった。

野党の指摘もグダグダで、結局どれも的確な批判になっていませんでした。問題点はそうした点ではなく、前夜祭のお金の流れを「政治資金収支報告書」に記載すべきだった。これこそが最大の批判の対象箇所です。

実際、その後の東京地検特捜部の捜査により、政治資金収支報告書に収支を記載しなかった政治資金規正法違反の疑いで公設第一秘書が略式起訴され、安倍総理は嫌疑不十分で不起訴となりました。

野党が建設的な議論をするのであれば、収支報告書に必ず記載しなければならないルールを作るべきだ、というべきでした。

今の政治資金規正法のルールでは、政治家の政治団体（後援会）が、実際にお金を受け取ったり支出したりした場合に報告書への記載を求めるのみで、政治団体が主催するだけでは報告書に必ず記載しなければならないと明確に定められていません。

裏を返せば、政治団体がお金を受け取ったり、支出したりしなければ報告書に記載する義務は生じない。ゆえに、まさに「桜を見る会」前夜祭のような事態が生じます。

常識的に考えれば、外形的に政治団体が主催する行事については政治団体がお金を管理し、政治団体の収入・支出として報告書に明記するのは当然のことです。

世の中では、**自分が実質的な主催ではないけれど、看板を貸したことによって責任を負うことはよくあることです。**法理論の用語では「権利外観法理」といいます。

現行法では、前述のように政治団体・後援会主催の行事であっても、お金のやり取りを報告書に記載しなくても済んでしまう。野党も裏付けのない非難を連呼するのではなく、「今後は政治団体・後援会主催の行事のお金のやり取りがすべて報告書に記載されるようなルールに改めるべき」といった建設的な提案をすれば、野党に対する国民の支持が自ずとついてきたはずです。

「桜を見る会」をめぐる一件では、政府・野党ともに「不正があったか、なかったか」という実体的正義の議論に終始していました。政治家は、ルールを作ることが仕事です。自分たちの不祥事や不適切な事案を正当化するためのルールではなく、世の中の常識に合わせた適切なルールを作らなければいけない。

野党も政府も「どちらが正しいか」という非生産的な議論を続け、国会の会期をムダに費《つい》やしてしまいました。まさに、悪しき実体的正義の議論です。

不正の裏付けがないのであれば、不適切な事案と位置付けた上で、野党は手続的正義の考え方に基づいて、不適切だと疑われるような環境を取り除く「ルール」を構築することに焦点を当てるべきでした。不適切な環境を改めるために、政治資金規正法の改正案を出せばよかったのです。

事実確認前の「全否定」は、最大の悪手

「桜を見る会」や森友学園問題のように、リーダー自身の不祥事が疑われるような事案について、最初から責任を全否定することは絶対に止めるべきです。

森友学園問題では、安倍総理は「自分や妻は一切関与していない。自分や妻が関与していたら総理と国会議員を辞める」とまで、いきなり言い切ってしまいました。その後、安倍さんの奥さんである昭恵さんと懇意にしていた森友学園の籠池泰典理事長が昭恵さんの名前を持ち出して財務省側と折衝《せっしょう》していた事実などがどんどん出てきました。昭恵さんをサポートしていた秘書的な官僚が、森友学園と財務省の間に入っていたことも判明しました。

このような事実が出てくれば、一定の責任は認めざるを得なくなります。僕は安倍さんや昭恵さんについて「違法・不正はないかもしれないが、広告塔としての道義的な責任はある」と当時メディアでコメントしていました。

その後、財務省が廃棄していたと説明していた公文書が存在することが判明し、公文書の

改竄《かいざん》が次々と明らかになりました。昭恵さんや、他の政治家が関与しているニュアンスの箇所が次々と削除され、書き換えられていました。財務省が国会で説明していたことと異なる事実がどんどん出てきたのです。財務省は最後の最後まで国会で嘘をつき続けていたのです。

野党も世間も、安倍さんの最初の責任全否定の発言が財務省に影響して公文書の改竄につながったのではないかと強く疑いましたが、安倍さんはそんなことはない、と強弁するのみです。でも、総理大臣の発言の重さを考えれば、役人組織にまったく影響しなかったと考えるのは無理なところです。

もちろん財務省による公文書改竄があったからといって、安倍さんの違法・不正が裏付けられたわけではありません。あの程度の公文書の内容なら、最初から堂々と公開しても問題はなかったと思います。公文書を開示した上で、昭恵さんの広告塔としての道義的責任については謝罪・反省して、事後挽回として改善策を講じればよかっただけです。

ところが安倍さんは責任の全否定をいきなりやったので、「優秀な」財務省の官僚組織は、事実を隠すほうを選んでしまった。

安倍さんはその後、昭恵さんの行動に誤解を生む点があったことを認め、今後は適切に対応していく、と反省の意を示しました。最初に自らの責任を全否定したことについては「お金を受け取ったり、利益を与えたりという違法な関与はしていないという意味だった」と補足しました。「違法な」関与はないが、「違法ではない」関与すなわち「不適切な」関与があったことを認めたに等しい。違法・不正があったかどうかの実体的正義の問題ではなく、疑われる事情を取り除かなければならない手続的正義の問題です。

最初から責任を全否定した初動に問題があったわけです。初期の対応を誤らなければ、安倍さんの発言に合わせて財務省が前代未聞の公文書改竄を行うこともなかったでしょう。

同じく「桜を見る会」についても、安倍さんの後援会の関係者が多数、招待されているのではないかとの疑いに対し、安倍さんは「『桜を見る会』の招待者について、自分は一切取りまとめに関与していない」と責任を全否定しています。しかしその後、安倍さんの事務所が招待者を取りまとめていたことが判明した。やはり事務所の責任者として一定の責任はあったわけです。

この点について安倍さんは、事務所が招待者を推薦したとしても、最後は内閣府が「決定」するので、そのような意味で自分は取りまとめには関与していないという釈明をしました。つまり、「取りまとめ」という言葉を「決定」という言葉に切り替えたわけです。招待者の取りまとめについて自分たちの一定の関与はあったが、決定はしていない、という釈明です。

しかし、いくら安倍さん本人が招待者を決めていなくても、安倍さんの事務所が推薦していたら、取りまとめに関与していたものと国民は認識します。だから、招待者の取りまとめについても初めから不適切さを認め、謝罪・反省して改善策を講じればよかったのです。

危機管理対応において、いきなり責任の全否定から入ってしまったため、その後取り返しがつかない状況に陥ってしまったのです。

一国の総理ですら、対応に苦慮するのが危機管理。読者の皆さんには、ぜひ前述した「危機管理における七つのポイント」を覚えておいていただきたいと思います。

第5章

政治と決断

迷走する政治は何が間違っているのか

学術会議問題も、手続的正義の視点が欠けていた

本章では、政治という領域における「決断」のあり方について、事例を基にお話ししたいと思います。

後ほど説明しますが、巨大な行政組織を動かすためには、「人事権」を適切に行使する必要があります。しかし同時に、国民の納得を得られない政治はありえません。そのため、「手続的正義」の観点から適切なプロセスを踏むことも重要となります。

二〇二〇年に起きた学術会議問題も、手続的正義の視点から考えることができます。菅義偉総理が、学術的立場から政策を提言する機関「日本学術会議」の新会員候補一〇五名のうち、六名の任命を見送ったのです。この決断を問題視する声が国内で相次ぎました。「権力による恣意的な人選だ」「『総理は学術会議の推薦に従って形式的に任命するだけ』という過去の法解釈と矛盾している」「学問の自由が侵される」など、様々なレベルの批判が学者やメディアから飛び出しました。

日本学術会議の任命拒否問題は、まさしく手続的正義を踏まなかったことに原因があると考えています。学術会議側は、「総理は任命拒否ができない」と主張し、政府は「任命を拒

否できる」と言う。まさに実体的正義の考え方に基づくいつもの水掛け論です。対して僕は、適切な任命プロセスをしっかりと踏んだ上でならば任命を拒否できるという立場をとります。手続的正義の考え方です。

菅総理も安倍前総理から続いてきた任命プロセスの不適切さをごまかすためだったのか、自己の正当化を強弁したり、後から理屈を付けたりしてしまったため、かえって問題をこじらせてしまった。プロセス・手続きの不備に関しては率直に認めて謝っておけば、問題が長引くことはなかっただろうと思います。

何が問題なのかをきちんと整理するために、まず、日本学術会議のこれまでの経緯を振り返っておきます。

日本学術会議は敗戦直後に発足しましたが、当初、会員は学者たちによる選挙で選ばれていました。ところが、この選挙には公職選挙法が適用されないため、不当な圧力など歪《ゆが》んだ選挙運動が横行しました。つまり、純粋な学問的評価によって会員が選ばれない事態が生じたのです。

そこで、今度は学会による推薦を中心とする任命方式を採りました。ところが、今度は各学会が自らの派閥の利益を追求するという弊害が目立つようになり、現在の「会員による推薦」を基本とする任命方式に変わったといわれています。

すなわち学術会議が自律的に適切に会員を選ぶことができなかった歴史があるのです。

現在のシステムにしても、学者たちが純粋かつ公正に会員を選ぶ絶対的な正解ではありません。試行錯誤しながら、よりいいものを目指していかなければなりません。いまの会員任命方式が絶対的な正解だと決めつける実体的正義の考え方に基づくのではなく、あくまでも正解だと「みなされている」だけだと認識し、常に改善を目指していくことが手続的正義の考え方です。

この点、ノーベル賞を受賞した本庶佑《ほんじょたすく》さんなどは、「学術会議のメンバーを政治家が選べるわけがない。学問のことは学者にしかわからない」と言い切っています。

しかし、そもそも組織のメンバーを選ぶ行為というのは、学問とは異なる世界です。政治であろうと学会であろうと、人間の集団には派閥的なものが必ず絡《から》んでくる。学術会議自らがその会員を常に適切に完璧に選ぶことなど、不可能なことです。組織のメンバーを選ぶことは、純粋な学問評価の話とは異なるのです。むしろ組織運営をあまりしたことのない学者の方こそ、組織作りについては素人《しろうと》だと言えるでしょう。

菅政権を徹底的に批判する人たちは、学術会議という組織や学者たちは神聖な学問行為に携わる集団で間違いは犯さない、というある意味宗教的な確信があるのでしょう。官僚の無謬性と同じようなものです。

しかし、実際はどうか。学者といえども人間です。絶対に間違いを犯さないということはあり得ません。やはり学者に対してもチェックシステムが必要なのです。

日本学術会議法によると、日本学術会議の会員は、日本学術会議の「推薦に基づいて、内閣総理大臣が任命する」（第七条）が、推薦される候補者は日本学術会議が「優れた研究又は業績」に基づいて選考することになっています（第十七条）。

この条文から、学者やインテリたちは先ほどの本庶さんと同じように「政治が学問業績を評価できるわけがない」「学者同士の判断に任せて政治は口を出すな」と言う。

確かに学術的評価は学者の領域です。しかし人間の集団において、学術の要素だけで物事が決まるわけがありません。そこには必ず政治的な要素が働き、権力闘争が生まれます。それは先ほども述べた学術会議の歴史を振り返れば明らかです。

また、日本学術会議という機関を運営するにあたっては当然、組織マネジメントが求められる。これも学者の専門領域ではありません。だから、ここは政治の出番でよいのです。

逆に、政治の領域を一切認めず学者がすべてを決めるとしたら、それこそ学者による「政治への介入」でしょう。政治の学問への介入が批判されるのであれば、単なる批判を超えた学者の政治的人事への介入もまた、批判されなければなりません。

したがって、学術会議は学問的業績を評価して会員を推薦する。そして内閣総理大臣がその推薦に基づいて任命するが、もちろん任命拒否もできる。学術会議は任命拒否されないように、内閣総理大臣との協働行為で会員を推薦していく。これが適切なプロセスでしょう。

菅政権に反対する者は、「『任命拒否ができる』とは法律のどこにも書いていない！」と批判します。しかし、法律上任命権を有する者は、任命拒否ができることは当然のことであって、他の任命権の規定のどこにも拒否についての定めはありませんが、任命権者は任命するか任命しないかの自由を当然有しているものと解されています。

ただし学術会議会員の場合には、会議の推薦に基づかなければなりません。任命権者である総理大臣が勝手に人選をしてはいけないという意味です。会議は推薦し、総理大臣は任命拒否権までしか行使できない。

これが学問の自由と政治による民主的統制のバランスをはかった絶妙な法律の仕組みです。にもかかわらず、学術会議が推薦した者について総理大臣は任命拒否ができず、必ず会員になるということであれば、学術会議自身が任命権者になってしまい、これこそ法律違反です。学術会議も誤ることはあるのです。だから総理大臣による民主的なチェックが必要なのです。

菅総理の任命説明はどこがまずかったのか

ここで重要なことは、総理大臣が任命拒否できる「理由」です。このプロセスを重視するのが手続的正義の考え方です。

学術会議の推薦した候補者の存在によって、政府の一機関としての学術会議が組織的に機能しなくなるのであれば、政治の責任で任命を拒否できるのは当然です。

学者側は、政治が任命拒否できるのは、候補者である学者に不正研究などがあった場合に限ると考えているようですが、誤りです。学者の個々の不正だけでなく、学術会議という組織自体が内閣総理大臣所轄の機関として適正さを確保できないときには、政治の責任として任命拒否権を行使して積極的に組織を正していかなければなりません。それが組織マネジメントというものです。

しかし、会員の適性を判断する際、候補者の学者が政権に批判的だというだけで、学術会議が組織として不適格になるわけではありません。学術会議は、日本学術会議法第三条に基づき、政府の「審議会的」な役割も担います。審議会には、政権に批判的な意見が不可欠です。

問題は、審議会というのは多様な意見によって構成される必要があり、それは政権に批判的な意見だけでなく、政権に「賛成的」な意見も必要だということ。**両者のバランスこそが政府に意見する審議会に求められる真の必要条件です。**

そこで現在の日本学術会議が審議会的組織として意見の多様性・バランスが取れているかどうか。この点は、学術会議側が判断できることではありません。なぜなら学術会議側が候補者を推薦する際は、まさに学者の「研究又は業績」だけを見なければならないのであり、組織全体のバランスをはかるような政治的な判断はやってはいけないのです。そのバランス判断をするのがまさに総理大臣の役割です。

学術会議の個々の会員が、個別に候補者を推薦するというシステムの中には、学術会議全体の意見のバランスを考慮する司令塔が存在しません。組織の部分最適だけが図られ、全体最適を図ることができない。組織としての全体最適を図る役割を担うのはまさに政治であり、任命権者である総理大臣なのです。

候補者の学問的業績は学者が評価する。学術会議の組織全体としてのバランスは政治＝総理大臣が評価する。これが政府の一組織でもあり、かつ独立の組織でもある学術会議の存在意義を発揮させる絶妙な知恵です。

当初、菅総理は候補者六人の任命拒否について「総合的・俯瞰的《ふかんてき》に判断した」としか言っていません。この説明だけでは、国民に菅総理の判断基準が伝わらない。

総理大臣が任命を拒否できるのは、まさに「学術会議の意見のバランスをとる」という目的にかなう場合だけです。

その点を意識したのか、菅総理はのちに「総合的・俯瞰的判断」のフレーズに加えて「学術会議はバランスの取れた活動が必要である」という旨を主張するようになりました。

そうであれば、さらに踏み込んで学術会議のどの部分に意見の偏《かたよ》りがあったのか、六名を拒否することでどのようにバランスを取ろうとしたのか。これらを国民に対して具体的に説明できれば、国民のモヤモヤ感は払拭《ふっしょく》できたと思います。

今回、任命を拒否された六名はすべて、安倍政権が成立させた安保法制、特定秘密保護法、共謀罪などを批判してきた学者たちです。外形的に見れば、政権に反対した者を排除したように映る状況です。

だからこそ国民の疑念を払拭するために、具体的な拒否理由の説明が必要となります。

いま挙げた諸法律について、学術会議には賛成、反対の学者が何人いるのか。意見と人数を具体的に示し、「組織として意見のバランスを取るために、六名の任命を拒否した。個々の学問的評価や、政権批判を理由にしたわけではない」旨をしっかりと説明すれば、少なくとも「学問の自由の圧殺」とか「権力の暴走」とかの非難が当たらないことは伝わるのではないでしょうか。

さらに、新しく任命した九九名を含めて、現在の学術会議に、政権に批判的な学者が何人いるのかを示せば、政権批判も甘受していることを示せます。いずれにせよ、組織のマネジメントに不可欠な総合的・俯瞰的な判断からの拒否理由の説明が不十分なことが、不毛な議論を招いたと考えられます。

手続的正義の考え方は、プロセスを重視します。ゆえに拒否の理由の説明を最も重視します。この点、人事の理由は公言すべきではないという反論があります。もちろん一組織内の人事については公言すべきではありません。

しかし日本学術会議は、内閣の内部組織ではありません。総理大臣が所轄するにせよ、あくまでも独立の組織です。独立組織に対する人事権の行使については、その理由の説明が必要となります。アメリカでは公聴会制度が確立され、最高裁判事やその他の要職に就こうとする候補者は、連邦議会上院で徹底的にその任命理由を吟味されます。

その制度が定着していない日本の総理大臣は、今回の任命拒否理由を具体的に説明しなければならない必要性を感じていないのでしょう。


第3章で、僕が教育委員会と知事の関係について、間違った発言をして謝罪した話をしました。知事と教育委員会は相互に独立の関係にあり、知事は委員を任命した後は指揮命令・指示はできないというのが、教育委員会の独立性です。

日本学術会議の例で言えば、推薦された会員候補者に対して総理が任命拒否権を行使したとしても、菅総理が日本学術会議という組織自体に直接の指揮命令や指示をすることがなければ、少なくとも教育委員会と同程度に独立性を保つことができます。

さらに言えば、憲法上、司法権の独立を掲げて強い独立性を担保されている最高裁判所でも、判事は内閣が選ぶことになっています。政治家が判事を選んだとしても、司法権の独立が侵されることはない、司法権の独立は担保されるという認識です。

しかも最高裁判所の場合、最高裁側に推薦権は認められていません。憲法上は内閣が、最高裁の意向などまったく気にせず、判事を選ぶことができるのです。他方、日本学術会議の会員は推薦権を持っています。いうならば、日本学術会議は最高裁判所よりも独立性を確保されている、と言っても過言ではありません。

事実、一九八三年の国会答弁で政府は「私どもは、実質的に総理大臣の任命で会員の任命を左右するということは考えておりません」と答え、総理大臣の会員任命権は形式的なものと明言しています。今から約四十年前の答弁です。

しかし菅政権は、総理大臣は任命拒否権を持っており、総理の任命権は形式的なものではなく、実質的なものだと明確に解釈しています。そのような解釈をするのであれば、一九八三年の政府解釈を変更したか、八三年の政府解釈は間違いだったとはっきりと言うべきでした。

組織を動かし、実行するにはまず人事から

もう一点、菅総理が六名の会員候補を除いた九九名分のリストしか見ていない、と発言したことが問題となりました。

批判の多くは「リストを見ずに任命したなら違法だ」「では、菅総理の前に誰が六名を拒否したのか」「学術会議の推薦リストが書き換えられたのか」というものでした。

まず、総理が日本学術会議の推薦会員リストを逐一、確認するはずがありません。そんなことをやっていたら、確認だけで総理の仕事が手一杯になってしまう。具体的な実務は政府組織が対応します。災害対策本部のときの議論と同じです。総理には総理の役割があるのです。

都道府県の知事は毎日、建設業から病院の認可まで、無数の許認可を出しています。市区町村長も、食品衛生責任者から保育所の認可まで無数の許可を出します。これらすべての内容に知事、市長が目を通しているわけがありません。

こういうものはすべて役所の組織対応として、担当部局がそれぞれ審査し、許認可を出すものです。もちろん許認可を出す名義は知事、市長であり、最終責任は知事、市長が負いますが、実務は組織が行います。日本学術会議会員推薦リストも、まずは政府の担当組織が対応するのは当然のことです。

重要なことは、**組織はトップの意向を「忖度する」ということ**。トップが個別に具体的な指示を出さなければ組織が動かないということでは、仕事はまったく進みません。多くの仕事は決められたルールやトップの意向を汲《く》んで組織が対応し、現場が判断に迷ったときに上司・トップに上げる。それが組織というものです。

そして安倍政権や当時の菅官房長官は、政治の方針に官僚組織を従わせる必要性から人事権の行使にこだわりました。役人といえども人間。やはり自分の人事が気になるもので、人事権者の顔色を一定程度、窺うのは当然のことです。

ゆえに、安倍政権・菅政権は、人事権の行使をするにあたって、役人が作ってきた人事案をそのまま認めることはしませんでした。まず組織のことをよく知る役人側に人事「案」を「複数」作らせる。そしてその複数案の中から政治が選択して決定する。案は役人が作るが、決めるのは政治だという役割分担です。

役人ではなく、民主的基盤を有する政治が最終的に決めたということをしっかり示すのが、安倍政権や菅政権の最大の特徴です。この方針を政府組織は忖度し、組織に十分すぎるほど浸透していました。

日本学術会議の会員推薦リストも、菅総理に上げる前に官僚が菅政権の人事権の行使の仕方を忖度して、事前に選別を行った可能性が高い。

日本学術会議は会員補充分一〇五名きっちりの会員推薦リストを政府に出しました。政府がそれを追認すれば、会員を実質的に最終決定したのは学術会議であることになってしまう。法律上は総理大臣に任命権があるのにです。

ゆえに総理が決める余地を残すため、政府の担当組織は学術会議に対し、一〇五名以上の会員推薦リストを持ってくるように求めました。

ところが、学術会議は一〇五名のリストしか持ってこなかった。学術会議側は、自分たちが最終決定権者だと傲慢な態度をとったのです。

このような学術会議のやり方が菅政権の人事権行使の方針に合わないため、菅総理に報告する前に官僚レベルで六名を拒否したというのが真相ではないか、と推察します。官僚のトップは杉田和博官房副長官で、もしかすると彼の判断が働いたのではないか。

総理が一〇五名分のリストを見ていなくても、政府組織が組織対応を行ったのであれば、問題はありません。菅総理が政府組織から報告を受けて候補者六名を拒否したことを認識し、その方針を変えなかったということは、総理自身も明確に六名の任命拒否を行ったということです。

行政組織は明確なルールや基準で動くことが民主主義国家の基本です。そうでなければ、権力を持っている行政組織の暴走リスクが高まります。菅さんのみならず、政府組織がどのような基準で六名を拒否したのかについては、明確にする必要があります。

僕は菅政権には大胆な規制改革を期待していますが、改革には国民の支持が不可欠です。国民のモヤモヤ感を放置していると、ボディーブローのようにそれが効いてきて、政権の体力を奪っていく。

学術会議の組織のバランスを図って任命拒否したことを具体的に説明するか、もし菅さん自身が間違った判断だと認識したのであれば、さっさと間違いを認めて国民の疑いを一掃してほしいと思います。

最終的には、日本学術会議自体も抜本的に改革する。真の学問の自由をまっとうしてもらうのであれば、政府から完全に自立した非政府組織化、すなわち民営化にすることがベストだと思います。

人事権を行使する時の「黄金の鉄則」とは

日本学術会議の話のように、政治が憲法や法律に基づいて人事を行ったとき、「政治介入だ」と批判されることが少なくありません。菅さんが官房長官を務めていた時代の安倍政権は、よく「人事を握って官僚を萎縮させている」「官僚の忖度を生んでいる」と言われていました。

政治側は人事権を行使すべきか。それとも抑制すべきか。インテリの議論では後者が多数です。

しかし、現代社会において政治を機能させようと思えば、政治が持っている人事権を、他者に完全に委ねるということは弊害です。というよりも責任放棄です。

巨大な行政組織をしっかりと動かすためには、人事権を適切に行使することが必要です。そして行政組織が適切に動かないというのであれば、それは政治がきっちりと人事権を行使していない証です。

菅政権は、学会やメディアとの闘いに負けてはならないと思います。人事権の行使に臆病になったら、結局、巨大な霞が関の行政組織を動かすことができず、何もできないままです。仕事のできる人をしっかり選ばなければなりません。政治が決定した事柄に徹底して抵抗する者は、入れ替えなければなりません。それが政治の役割と責任であり、そのような意味で、日本学術会議会員の任命拒否問題は、これからの政治の分岐点を示していたと言えます。

押さえておかなければならないポイントは、巨大な組織を動かそうと思えば、人事権を適切に行使する必要があるということ。大阪府庁や大阪市役所でも同じでしたが、**トップが決**

断したことを、組織を動かして実行するためには、何よりもまず人事です。組織のトップが人事権を行使する気迫がメンバーに伝われば、必ず組織は動くようになります。

政治が人事権を行使することについて猛批判する学者やインテリたちの顔ぶれを見ると、およそ組織のトップに就いたことのない者ばかり。組織を動かす苦労をしたことのない者たちが、机上の論で、「政治は介入するな!」というきれいごとのフレーズを叫んで政治を批判しています。

もちろん、人事権の行使が悪い方向に働くこともあります。トップの不祥事を組織が隠したり、トップが保身に走ったりする場合などです。

人事権の行使についても絶対的な正解はわかりません。ゆえに手続的正義の考え方に基づいて適切なプロセスを踏むべきです。

トップが組織のメンバーの適格性について完全に把握しているわけでありません。ゆえにまずは人事担当者に案を作らせる。しかし、最終決定の責任を負うためにも、人事担当者には複数の人事案を作らせて、トップと人事担当者の議論の上で、トップが最終決定をする。これが、重要な人事案件を決める適切なプロセスでしょう。

もちろん、組織の人事をすべてこのようなプロセスで決めるわけではありません。特に重要ではない、日常的な人事の場合にはすべて人事担当に任せる。このトップと人事担当の役割分担も、手続的正義の考え方に基づくプロセスで、何が絶対的に正解の人事なのかはわからない。ゆえに適切なプロセスを踏んで決定しようというものです。

安倍政権の時代には、官僚の政権に対する忖度がしきりに喧伝《けんでん》されました。官僚たちは安倍政権の不祥事を隠すために一生懸命動いたのか、安倍政権の政策については何も異議を唱えないのか、それとも安倍政権が次々と打ち出す政策を実現するために一生懸命動いたのか。これは適切に人事権を行使することの表裏の側面です。

企業・組織においても、人事権の行使は二面性を有します。人間、誰しも自分の地位、出世は気になるもの。どれだけ立派なことを語る人でも、組織の一メンバーである限り、常に他人の評価や人事を意識します。特に上場企業など、高学歴者が集まる組織ほど、皆が人事に神経質になるものです。

霞が関のエリート官僚たちも当然、人事を異常なまでに気にしています。トップである総理や閣僚の政治家が官僚たちに対して人事権を行使するのであれば、その負の側面をできるだけ抑え、正の側面がみえるよう、細心の注意を払わなければなりません。

人事権を保ちつつ、負の側面を避ける「細心の注意」とは

旧民主党の鳩山由紀夫政権のとき、鳩山さんは沖縄の米軍普天間《ふてんま》飛行場を「最低でも沖縄県外に移す」と公言しました。しかし、総理の方針を実現する役目の外務省や防衛省はまったく動きませんでした。役人たちは鳩山さんの顔色をうかがわず、旧民主党の各大臣も腰を上げなかった。なぜか。鳩山さんが優しい人で、人事権を強力に行使する姿勢を示さなかったからです。

鳩山さんは総理になる以前、自分はオーケストラの指揮者のような役を担いたいと言っていました。それぞれのメンバーが個性を発揮し、リーダーは各所を調和させる役割だということでしょう。反面、「俺の方針で組織を動かす」という気概や迫力には乏《とぼ》しかった。

他方、菅現総理は組織を動かすために人事権を行使する姿勢を組織に明示しています。実際はやらないでしょうが、仮に菅総理が本気で「県外移設」の大号令をかければ、外務省や防衛省その他、関係各省庁の役人は必死になって県外移設のプランを提出するでしょう。

野党は日ごろ、内閣の人事権の行使は抑制的であるべきだと学者のようなきれいごとを口にしますが、そんなことでは霞が関の巨大な組織を動かせるわけがない。つまり、政権担当

能力がないということです。

権力を握った政治家は、いざというときには霞が関の官僚がビビるくらいの人事権の行使をみせつけて当然です。「最終決定権は俺が握っている！」と勘違いしている官僚に対しては、ガツンとかます必要があります。ただし、人事権行使の負の側面も併せて意識し、マイナスの忖度が生じないよう細心の注意を払う。これが政権担当能力の「いの一番」です。

では、細心の注意とはどのようなものか。端的に言えば、**「人事評価の基準をあらかじめ明示する」「決定のプロセスではとことん反対意見を受け付け、決断した以上はそれに従ってもらう」という黄金の鉄則を意識することです。**

手続的正義の考え方に基づき、総理がやろうとしている人事案について、賛成意見も反対意見もどんどん言ってもらった上で、最後は総理が決める。そして間違ったと思えば、これも適切なプロセスを踏んで直ちに修正する。これしかないと思います。

もう一つの黄金の鉄則は、**議論の過程を記録すること**です。もちろん人事の議論をすぐに公表することは不適切でしょう。ただし、時間が経ってから公開されることを前提に、記録をとっておく。そうすると人事権者は歴史という法廷の被告席に立たされるわけですから、それを意識して、あまりにも無茶なことはできないと思います。

安倍政権では、人事権の行使に伴う負の側面への配慮不足があったと思います。この点に関しては安倍前総理を反面教師に、菅政権には適切な人事権行使のプロセスを踏んでもらいたいと思います。

ルールや指標に基づかない国家運営は危険すぎる

国家運営において、正解がわからない問題に対応するときには「鉄則」があります。それは、事前に可能な限りのルールや指標を決めておいて、それらに基づいて政治的判断を行うということです。今の菅政権における新型コロナウイルス対応では、このルールや指標があやふやなまま物事が進められているように感じます。

もちろん、指標がまったくないわけではありません。二〇二〇年八月、新型コロナウイルス感染症対策分科会の尾身茂会長は、感染状況のレベルについて「ステージ1、2、3、4」という指標を発表しました。ステージ1～2の段階であれば、社会経済活動にアクセルをかけ、ステージ3～4ならブレーキを踏むというもの。ステージ4は緊急事態宣言を検討するレベルにあたります。

感染レベルを判断する目安としては、新規感染者数、病床の逼迫具合、療養者数、ＰＣＲ

検査の陽性率など、六つの項目が挙げられました（その後二〇二一年四月十五日から五つの項目に再整理）。この六項目のそれぞれの数字については厚生労働省が毎週、四七都道府県ごとの最新の数字を発表しています。

問題は、これらの数字を用いて現在の感染レベルをどのように判断すればいいかのルール・プロセスが存在しないこと。指標は作ったが、それを使ってどのように国家を動かすかが定まっていないのです。

尾身会長は指標を発表する際に「数値の目標というものは一つの目安であって、それを総合的に判断しなくてはいけない」と説明されていましたが、この「総合判断」という言葉によって、緊急事態宣言に至るまでの判断のプロセスが「ブラックボックス」と化してしまいました。

二度目の緊急事態宣言が発出されるまでの経緯を振り返ると、二〇二〇年十二月後半は、病床の逼迫率などを見ても、東京都や神奈川県でステージ３〜４に相当するような数字がどんどん出てきていました。この状況下において菅総理は「まだ緊急事態宣言を出す状況ではない」とし、尾身会長でさえ同意見でした。全国の都道府県知事や各市町村長も、誰一人として緊急事態宣言を求める声を発していませんでした。

ところが、十二月三十一日に東京都の新規感染者数が一三三七人と、初めて一〇〇〇人を突破して最多記録を更新した。この数字を見て、菅総理は二〇二一年一月八日から首都圏を中心に緊急事態宣言を発出することを決断しました。六項目の数字については考慮せずに、「一三〇〇人超」という新規感染者数の数字だけで菅総理は認識を急に変えたことになります。これでは、尾身さんが作った指標は一体何だったんだという話になりますよね。

また、感染レベルを誰が判断するのか、責任の所在が明確化されていないことも問題でした。尾身さんは指標を発表した際に、「ステージについては各都道府県知事が判断する」としています。そこで政府は「知事が判断してください」と言うわけですが、知事たちからしてみれば「急にそんな責任を押し付けられても困る」となるわけです。

この状況を見れば、日本はルールや指標に基づいた判断をせず、完全に「勘」だけで国家運営をやっているようなものです。まさに太平洋戦争で敗戦へまっしぐらに向かっていた戦時中の日本と同じです。

また、コロナ禍という有事において、トップの姿勢やメッセージの出し方は非常に重要なものとなってきます。二回目の緊急事態宣言では、そのメッセージが非常にわかりづらいために多くの混乱を招きました。

端的な例は、飲食店についてのメッセージです。各自治体では飲食店に対して午後八時までの営業時間短縮要請が出されましたが、これは「午後八時までなら飲食店を利用していい」という意味に読みとれます。ですが同時期に、西村康稔《やすとし》経済再生担当大臣からは「昼もリスクがあるから、ランチを自粛していただきたい」という発言があった。

他にも、政府から「夜だけでなく昼の外出を控えてください」という発言が出たものの、前回の緊急事態宣言と違って、学校は休校していないし、昼間の社会経済活動は通常と変わらず行なわれている。「人の流れを抑制しよう」と言いながら、そのための対策は一切とらない。一体何がしたいのかわかりません。

要するに、**宣言の目的が「人の流れを抑制する」ものなのか、「飲食店を中心とした飛沫《ひまつ》感染を防ぐ」ものなのか、まったくハッキリしないのです。**僕は後者が重要だと思っていますが、各メディアは前者だと思っているのか、主要駅の人出の変化を報道してばかりです。また、知事や政府や分科会がそれぞれメッセージを発していて、しかもその内容が統一されていない。国民にメッセージが届かないのは当たり前です。有事の際の国民へのメッセージは、「目標が明確」で、「発信主体が統一」されていなければなりません。

では、誰がメッセージを出すべきか。新型インフルエンザ等対策特別措置法（特措法）の

第四十五条に基づけば、外出自粛要請や休業要請については各都道府県知事が出すことになっています。「権力行使」と「責任あるメッセージ」を出すことはワンセットであるべきなので、住民の行動についてのメッセージの発信も都道府県知事に統一するべきだと思います。地域の実情に応じて住民のとるべき行動にも違いが出てくるでしょうから、地域の実情を政府よりも把握している知事の方がメッセージ主体に向いているはずです。

何が正解かわからないからこそ、適正なルールやプロセスにこだわる。繰り返しますが、これが手続的正義の考え方です。

コラム

「手続的正義」を理解できていないメディアの罪

政治における投票プロセスにおいて、重要なのがメディアの役割です。

第1章のアメリカ大統領選挙の際にも少し触れましたが、民意を問う投票制度において重要なことは二つあります。一つ目は厳格な投票プロセスが整備されていることと、二つ目は有権者に正しい情報が伝わること。「正確なプロセス」と「正確な情報」の二つが、「正しいとみなせる結論」を導くために必要不可欠です。

その点で、二回目の大阪都構想の住民投票の際の毎日新聞の報道のあり方には、強い疑問を感じました。

大阪都構想とは、大阪府と大阪市を統合し、大阪市内に四つの特別区を設置するものです。住民投票の実施日は、二〇二〇年十一月一日でしたが、その一週間前の十月二十六日に、毎日新聞は「市4分割　コスト218億円増　大阪市財政局が試算」という報道をしました。

この試算は、大阪市を単純に四つの市に分割した場合の試算で、四つの特別区に分ける大阪都構想のケースとは異なります。しかし、有権者は、これを大阪都構想の試算と受け止めてしまった可能性があります。大阪都構想の最大の争点は、どれだけコストがかかるのかという点だったので、この報道によって、投票者である市民は、都構想には二一八億円のコストがかかると思ってしまったでしょう。

実際に、毎日新聞の記事を後追いした朝日新聞は「大阪都構想で大阪市を廃止して特別区に再編した場合」と報じてしまいました。これはまずいと思ったのか、後に「大阪市を単純に四つの市に分割した場合」と訂正をし、大阪都構想のコストではないことを釈明しました。NHKのニュース記事も「特別区でコスト二一八億円増試算」とし、その後「市分割でコスト二一八億円増試算」に変更しています。

報道前に情報をチェックしているはずのメディアですら誤認したのであり、毎日新聞や朝日新聞、そしてNHKの誤報に接した人は、訂正・修正情報を知らない限り、誤報のまま情報を受け止めたでしょう。

毎日新聞の報道から三日後の十月二十九日に、大阪市の財政局長が記者会見をして「誤った考え方に基づき試算した数値が報道され、市民に誤解と混乱を招いた」と謝罪しました。

投票前一週間の間に、新聞を後追いしたメディアから誤報が流れ、訂正や修正があり、さらに財政局からの謝罪というドタバタぶり。毎日新聞の報道によって選挙結果を変えるほどの影響があったかどうかはわかりませんが、少なくとも有権者を惑わすような情報を流したことで、投票のプロセスが適切なものとは言えなくなりました。

毎日新聞だけが「大阪市財政局の試算をそのまま伝えたものであり、事実誤認はない」と言い張りましたが、これは「実体的正義」の考え方です。不正はなかったの一点張りです。しかし、「手続的正義」の考え方から言うと、投票一週間前の時点で、誤認されやすい情報を出すことによって適切な投票プロセスをゆがめてしまったことには間違いありません。

僕は「大阪都構想は正しい」と考えていましたが、反対派は「大阪都構想は間違っている」と考えました。大阪都構想が正しいのか、間違っているのか、絶対的なところはわかりません。だから適切な投票プロセスを踏んで、有権者に判断を仰《あお》ぐことが必要でした。

適切な手続きを踏んでいれば、投票結果を正しいとみなすこと、擬制することができます。最終的に有権者のみなさんに判断をしてもらって、その結果を是認することでデしか決着できませんし、物事を先に進めることはできません。

手続的正義の考え方を毎日新聞が理解していれば、投票一週間前に有権者を惑わす報道はしなかったはず。そこは責任ある報道機関であれば、慎重の上にも慎重にならなくてはならないところです。しかし毎日新聞はおそらく、実体的正義しか頭になかったのでしょう。自分たちの考える真実を報じれば、それが絶対的な正義だと思い込んでいた。プロセスのことはまったく頭にない。

大阪都構想が住民投票に至る過程では、法律に基づいた法定協議会が開かれ、数年にわたって議論を重ねています。もし毎日新聞が法定協議会での議論の過程で大阪市四分割のコスト情報を報じていれば、都構想を進めたい維新の会は記事の内容について反論し、議論をすることができました。反対派が記事を引用して、さらに都構想の問題点を明らかにすることができたかもしれません。

お互いに主張と反論をする機会を与えて、有権者に議論の過程を見せてから住民投票をすれば、どういう結果になっても、有権者による判断が正しい結論だとみなすことができたはずです。これが手続的正義に則った「適切な決め方」です。

しかし実際には、毎日新聞の報道のあり方によって、結論を正しいものとみなす、結論にみんなが納得するプロセス自体に疑義が生じてしまいました。大阪の未来を決する住民投票だっただけに残念でなりません。僕は一回目の住民投票の結果には完全に納得し、政治家を引退までしましたが、あの二回目の住民投票の結果にはいまだに納得できていません。世論の形成に大きな影響を与えるマスメディアこそ、「手続的正義」の考え方を理解すべきだと思います。

第6章

危機の時代に最善手を導き出すために

未知の危機に対処する思考法

新型コロナウイルス「騒動」の出発点は「専門家の判断ミス」

本章では、ここまでの新型コロナウイルス感染症への日本の対応を振り返り、「何が正解かわからない」問題にどう対応していくべきだったか、振り返りたいと思います。

新型コロナウイルスの感染者が日本に出始めた当初、同ウイルスによる肺炎は法律上の感染症に含まれていませんでした。政府が感染症対策に乗り出すためには、指定感染症への指定が必要になりますが、判断は厚生労働省に置かれた感染症の専門家たちの意見を踏まえることになっていました。

この専門家会議は当初、新型コロナウイルス肺炎を指定感染症に指定するのは時期尚早として、見送っていました。主たる理由は、WHO（世界保健機関）がまだ非常事態宣言を出していない、というものでした。

WHOは国際的な専門家集団とされていますが、新型コロナウイルスは「パンデミックではない」「中国への渡航制限や、中国からの入国制限をすべきではない」と言い続けていました。

厚生労働省の専門家会議は、このWHOの判断に引きずられてしまったのだと思います。

もちろん背景としては、厚生労働省の担当役人たちの判断が大きく影響していたはずです。厚生労働省に置かれた専門家会議は、結局は役人たちの判断を追認する機関になるしかない。もし役人たちの判断を根底から覆すような専門家であれば、そもそも厚生労働省に呼ばれませんし、呼ばれた後にＷＨＯの見解に異を唱えるような気概を見せようものなら、役人たちに追い出されていたはずです。

その後、二〇二〇年一月二十八日、安倍政権は閣議決定で新型コロナウイルスを指定感染症に定めました。さらに一月三十一日の持ち回り閣議で、指定感染症に定める政令の施行を六日前倒しし、二月一日施行にすることを決めました。

新型コロナウイルス肺炎が指定感染症に指定されたことによって、日本政府は様々な行動を取れるようになりました。二月一日から武漢市のある中国湖北省からの入国制限が始まり、感染症法・検疫法の適用も始まりました。いずれも、指定感染症への指定がきっかけです。ただし厳密に言えば、入国制限は感染症を理由とする規定ではなく、公安を理由とする規定（出入国管理及び難民認定法第五条第一項第一四号「日本国の利益又は公安を害する行為を行うおそれがあると認めるに足りる相当の理由がある者」に対する入国拒否）を使うというウルトラCをやったので、厳密にいえば指定感染症の指定と直接、関係はありません。

当時、感染症の専門家たちは、新型コロナウイルス肺炎に対して危機意識をほとんど持っていませんでした。現に、武漢市が大騒ぎになっている様子が流れ始めた一月二十日の週、感染症の専門家が「日本政府はすぐに動くべきだ」「指定感染症に指定すべきだ」「武漢からの入国を制限すべきだ」と公言した形跡はありません。

今回の教訓は「**最初の重大な政治判断は専門家に丸投げしてはいけない**」ということ。危機のときには、専門家に意見を聞きながらも、常に政治が責任をもって判断する姿勢を強く保つことです。専門家だからといって、決断力があるわけではない。専門的知識と決断力は別ものです。

専門家は専門知識についてはいくらでも述べられるでしょう。しかし、その決断が社会に対して重大な影響を及ぼすとなれば、及び腰になるのは当然です。ゆえに専門知識を述べるのは専門家ですが、決断するのは政治家だという役割分担を忘れてはなりません。

これは企業のトップと第三者的な外部コンサルタントとの関係も同じことです。

専門家に重大な判断をさせてはいけない

一般の企業や組織においても、専門家の知見は活用すべきですが、重要な決断を委ねるべきではありません。これは組織のマネジメント上、よくやってしまう間違いの典型です。**特に重大な責任が生じる最終決断は、全責任を負う者が総合的に行うという点を肝に銘じておかなければなりません。**専門家にはあくまでも知見を提供してもらい、複数の案を提案してもらうにとどめます。選択と決断はトップ・責任者の役割です。

たしかに僕も知事・市長時代、外部の専門家をフル活用しました。従来の役所の価値観ややり方、前例踏襲の意識を変えたいという思いで、外から人材をどんどん入れようとしました。当然、職員はこれを嫌がりました。彼ら彼女らにすれば、外部の専門家は現場や実務も知らず、偉そうに机上の論を振りかざしてくる厄介な存在です。ここで組織対外部人材のすさまじい権力闘争が起きる。事実、専門家の中には、知事・市長などとの人間関係を背景に、役所の職員に対して高圧的に振る舞う人もいました。

役所はとにかく外部の人材を嫌います。外部から専門家などが来ると、スキャンダルを仕掛けて組織外に追い出そうとするケースさえあります。

外部の専門家は、「自分は役所より進んだ民間のやり方を知っている」と自信を持っています。でも、権力闘争の厳しさは知らない。役所内での圧力、嫌がらせに対抗できる戦略・戦術・能力・タフさを併せ持つ専門家は皆無です。学者などはひとたまりもありません。結果、追い出されて人材が流出してしまう。スキャンダルを攻められるのは、もちろん本人の脇の甘さにも問題があります。

人材流出を防ぐ最後の決め手は結局、最高権力者の首長に外部人材を守り切る意思があるかどうかです。僕自身は、多い時には数十人の外部人材を登用しました。歴代の大阪府庁・市役所ではありえなかった数字です。役所から放り出されそうになった人については、全力で守ってきたつもりです。その人材について虚実ない交ぜになったネガティブ情報のリークがガンガンなされ、議会に呼ばれて高圧的な追及がなされます。そこで首長が辞職を勧告すれば、もう終わり。他の外部人材も、明日は我が身と去っていきます。

ここでどれだけ外部人材を守ることができるかが勝負。役所組織からはもちろん、議会や世間からの批判に耐えて、なぜこの人材が必要なのかを粘り強く説得していきます。これには本当にエネルギーを使いました。

ただこのような作業は、組織内部での作業なので、外部人材の彼ら彼女らがどれだけそれを認識して、恩義を感じてくれているかはわかりません（笑）。

ちなみに、外部人材と同じ部類に位置付けられるのが国会議員です。大臣・副大臣・政務官など政府の要職に就く人材を除き、普通の国会議員、特に野党の国会議員などは、中央省庁の官僚からすると「外部人材」であり、厄介な存在です。往々にして偉そうなのに勉強不足（笑）。もちろんしっかりと勉強して、官僚たちから一目置かれる人材もいますが、そういう人材は残念ながら少数派でしょう。日本のような議会制民主主義国家においては、国会議員が役所・役人を民主的にコントロール・チェックする法制度になっていますが、それは国会議員がむやみに偉そうに振る舞ってもよい、という意味ではありません。

国会議員、特に野党議員の官僚に対する態度を見ると、およそ社会人として通用しないような口の利き方を日常的に行っている。野党合同ヒアリングと称して、権限も責任もそれほどない中堅官僚をテレビカメラの前で追い詰める野党国会議員の姿などを見ると、勘違いしている、と思わざるをえません。

専門家の「権威」に負けず、総合的に判断せよ

さらに、トップが決断にあたってよく間違ってしまうのは、「**権威に負けてしまう**」ということ。この点には、注意が必要です。日本人は権威に弱いところがあります。専門家のほうも、自分の領域では自分の考えが絶対に正しいと思い込んでおり、客観視できないきらいがあります。「専門家の意見はその専門領域においてのみ尊重する」という姿勢が、組織運営上、きわめて重要です。

また、専門家の世界は権威がモノをいう世界であり、専門家は、その専門の世界において称賛される道を追求します。さらに普段は「先生」と敬われる存在でもあり、世間から批判を受けることに慣れていません。

ゆえに**専門家は、世間から批判を受けない案を無意識に選びがちです。**この点は省益を第一に考える官僚や保身を第一に考える政治家も同じことです。

専門家がある組織に呼ばれて専門的知見を述べる際、招かれたその組織を批判する発言はまずしません。もし仮に依頼主の組織の見解を覆そうとした場合、専門家と組織の、血で血

を洗うバトルと化します。

専門家にはそこまで戦闘的な性格の人は少ないですから、結局は依頼主の組織の意向を汲むことになります。

外部の専門家が組織内で徹底的に戦おうとすれば、必ず組織から追い出されます。そうならないためには、組織の最高権力者の後ろ盾が必要です。専門家自らがそのような組織内政治を駆使して、組織の見解を覆そうとすることは稀《まれ》なことです。

もし最高権力者であるトップが外部の専門家を活用して組織を抜本的に正したいと思うのであれば、専門家を守り抜かなければならないし、組織に対して、この専門家こそ自分の名代であることを宣言しなければなりません。その際は、トップが専門家の態度・振る舞いについての全責任を負うことになります。

第三者委員会なるものは、その典型例です。「第三者」と名前が付いているものの、依頼主である企業や役所に雇われて報酬をもらう存在です。企業や役所を徹底して追及するのは難しい。調査内容が依頼主の企業や役所に配慮しすぎで、不十分であるのはこういう事情が原因です。

専門家といえども、依頼主には弱い。専門家に限らず、仕事の発注主、すなわちお金をもらう相手に気を遣ってしまうのは、人間皆同じです。

ですから、組織の最高権力者であるトップが覚悟を決めない限り、専門家が依頼主であるその組織に忖度しない働きぶりを発揮することはないでしょう。

専門家にその能力をフルに発揮してもらおうと思えば、独立性・権限・責任をいかに与えるかがポイントになるということです。

感染リスクと社会的リスク、そのバランスが問題だ

専門家の特性からすると、政治的な要素も含めて総合的・最終的判断を委ねるのは酷です。一般的に言えることですが、総合的判断とは、当該専門領域を超えてあらゆる情報を把握し、すべての状況を見渡した上で、全責任を負うものです。一部の専門領域に精通している専門家が行えるようなものではありません。

新型コロナ対応において、感染症の専門家は、感染者数を抑制することだけが視野に入ります。ゆえに社会経済活動を抑制することばかりを考えます。しかし、社会経済活動を抑制すれば、そのことで生活ができなくなる人もたくさん出てくる。

残念ながら、感染症の専門家は収入が安定している人たちが多く、当初、生活が苦しくな

る多くの人にまで目が届きませんでした。そこで全体を見渡す政治家によって、感染対策を考える専門家の中に、感染症の専門家に加えて経済の専門家も参加させることになったのです。

政治・行政の領域においては、あらゆる分野の専門家の意見を聞きながら、役所の組織を動かす権限を持ち、世間に対して全責任を負う政治家（首相・首長）が総合的最終判断を下すべきです。

このような専門家の特性を十分に知った上で、専門家に委ねる部分と、権限と責任を持つ組織のトップが総合的判断を下す部分をしっかり区分けしておかないと、誤った判断を下してしまうことになります。

専門家の役割は、基本的にその専門領域における専門的知見を述べること。求められるのはそこまでで、総合的最終決断を要求してはいけません。

感染症の専門家には、感染症の特性や感染の状況について知見を述べてもらう。ウイルスの特性に応じて、個々人が何を心がければ感染を防げるのか、個別の対策についても知見を述べてもらうことはできます。

しかし「感染症に対応するために、日本の政治・行政はどう動くべきか」や「経済とのバランスをどのように図るか」の判断は、感染症の専門家の領域をはるかに超えています。

感染症の専門家は経済とのバランスまでは考えることはできません。感染症の拡大を止める策が至上命題で、経済へのダメージのところまで目が届きません。

実体的正義の考え方に基づけば、専門的知識を追求することになります。しかし、手続的正義の考え方からすると、最終決定に至るプロセスを重視し、当該専門家だけではなく、あらゆる専門家を参加させた議論を経た上で、最終決定を行うことになります。

たとえば、築地《つきじ》市場の豊洲移転問題でもそうです。専門家会議は豊洲の土壌の安全性を求め、コストを度外視した青天井の安全対策を求めました。この専門家会議は、土壌の安全性のことにしか目が及んでいません。もちろんその背後には、議会や世間から過度な安全性を求められていたという事情もありましたが、コスト・経済性のことについてはほとんど考えていませんでした。安全とコストとのバランスを図り、総合的最終決断を下すのは政治家以外にありえない。

しかし、メディアは実体的正義の考え方に基づいて、安全性だけを追求する専門家を絶対的に正しいと位置付けてしまいます。

今の新型コロナウイルス対応についても、感染症の専門家の意見だけを絶対視してしまう傾向にあります。

確かに感染者数を抑えるために社会経済活動を抑制することは重要ですが、経済とのバランスも考えなければなりません。社会には様々なリスクが存在しており、新型コロナウイルス以外のリスクとのバランスも考える必要があります。新型コロナウイルスのリスクだけをゼロにするために、莫大な経済的コストをかける一方、他の病気や犯罪、交通事故などの社会的リスクについては一定のものを受け容れるというのは、なんともバランスを欠きます。

感染症の専門家の視点では、どうしても目の前の社会経済活動を抑制することにだけ目が行きがちですが、コストや他に存在している社会的リスクとのバランスをとるのが、まさに総合的判断（政治的判断）なのです。

僕が体得した「未知の危機に対処する大原則」とは

新型コロナウイルス対応における政府の最大の問題点は、リスクコミュニケーションの欠如です。

感染症への人類の対応としては、「ウイルスを完全に撲滅《ぼくめつ》する」か「ウイルスと共生する」かしかありません。新型コロナウイルスは、天然痘《てんねんとう》やエボラ出血熱のような「撲滅しなければならない／撲滅できる感染症」とは異なります。通常のインフルエンザ等と同じく、重症化を防げば症状は許容範囲で、感染状態が目に見えてわからない「不顕性」感染症であることから、最終的には共生していかねばならない。そのための最終ゴールは、ワクチンや薬の開発です。

完全撲滅を目指す感染症ではない以上、対策として重要なことは、ワクチンや薬が開発されるまで、なんとか医療体制が崩壊しないように、感染者数をコントロールすることです。感染者数をゼロにすることではありません。

すなわち感染者数が増え始めた初期段階（感染期・移行期）における時点で「ピークカット」「ピークずらし」をすることです。

「ピークカット」「ピークずらし」とは、医療崩壊を防ぐために、感染者数が日本国内で指数関数的に爆発増加するのを防ぐことです。いわば時間稼ぎです。

ただし「ピークカット」や「ピークずらし」が難しいのは、感染状況のデータがそろっていない段階で、感染拡大への流れの「気配」を感じ取ってその施策を打ち込まなければならないことです。

感染状況がデータ的に明らかになった頃には手遅れで、もう流行への流れを止めることができません。


コロナ禍が一年以上も続いた現在では、ウイルスの特性や、ピークカットやピークずらしのために何をしなければならないのかが段々わかってきました。今ではそれなりの根拠を基に判断しています。

しかし、感染の初期段階である二〇二〇年の三月段階では、データも根拠もまったく揃っていませんでした。そんな中での「ピークカット」「ピークずらし」施策の代表例が大規模イベントの中止です。二〇二〇年の三月当時は、このような施策は「気配」を感じ取って、それをやるかやらないかをすぐさま決断しなければなりませんでした。

当時、学者たちは、「明確な根拠を示せ」と批判しました。「気配」で決断に踏み切らなければならない局面を経験したことがないからでしょう。

野党も「根拠を出せ」と追及しました。そのような局面で根拠ばかりを要求する人は、およそ政治家ではありません。「気配」で判断を求められる政治家の職務をまったく理解できていないのでしょう。

確かに、平時は明確な根拠に基づいた判断が重視されます。しかし、有事においては、明確な根拠なく判断しなければならないことの連続です。だからこそ、選挙で選ばれた政治家に、決断する役割が与えられているのです。

明確な根拠がなくても、選挙で付託を受けたという自信をもって決断し、有権者に理解を求めることをしなければならない。

その際には、**完全な勘に頼るのではなく、まさに手続的正義の考え方に基づく適切なプロセスを踏んで、可能な限りの正解を見つけにいくことが必要かつ重要です。**

ただし、そこで下した判断は、正しいものとみなされているだけですから、間違いがわかった場合には、直ちに修正のプロセスを踏まなければなりません。

その場合、有権者から猛批判を浴びることになるでしょう。社会的に抹殺されるほどの批判を受けるかもしれません。しかし、その批判を受けてでも最終決断をするのが政治家の役割です。企業のトップも同じです。

学者や専門家は、政治家や企業のトップほどの責任を負いません。感染が爆発的に広がり、医療体制が崩壊したとしても、失職することはない。結果責任を負うのは政治家であり、だからこそ権力を行使して判断する役割を担っているわけです。

二〇二〇年三月当時は、新型コロナウイルスの感染拡大という危機時において「ピークカット」「ピークずらし」の施策を打つには、明確な根拠を揃える時間的猶予《ゆうよ》がないことを政府は積極的に発信するべきでした。

医療崩壊が生じないように時間稼ぎをしているうちに、ウイルスの正体が徐々に明らかになってくれれば、そこから「ピークカット」「ピークずらし」の施策を実態に合わせて修正すればよい。すなわち社会経済活動の抑制を徐々に解除していくのです。

未知の危機に対処する大原則は、「**初動で大胆かつ強い施策を打ち、実態が明らかになるにつれて施策を縮小、解除していく**」。この危機管理の原則を国民も理解すべきです。

緊急事態宣言下で「命をとるか、経済をとるか」が問われたように、政治とは、どちらを選んでも痛みが伴うような決断を求められます。二〇二〇年三月当時、爆発的感染拡大を防ぐために、国民の活動をどこまで抑制するかを検討した結果、日本政府は大規模イベントの自粛と学校の活動を抑制する一斉休校を選択したのです。政治家のその決断の評価は、後世に委ねられるのでしょう。

拙著『交渉力』（ＰＨＰ新書）で僕は、目標を達成するためには、自らの要望を整理し、どこまでが「譲れるライン」でどこからが「譲れないライン」なのかを明確にしなければならないことを論じました。

新型コロナウイルスへの対応も同じです。政府の当初の獲得目標は「ピークカット＝全国での爆発的な感染者増加を防ぎ、実態の把握と対処の時間を稼ぐこと、医療崩壊を防ぐこと」でした。施策として「譲れるライン」は、一斉休校と大規模イベント自粛まで。「譲れないライン」は企業活動の全面的停止です。これは日本経済を完全に崩壊させてしまいます。

小中高の一斉休校や大規模イベント自粛は、人の活動を抑制し、感染の爆発的増加（ピーク）を抑えるのが目的でした。子供たちを守るのであれば、通常の学級閉鎖基準による学級閉鎖で十分。感染した子供がいない学校まで閉鎖する必要はありません。しかし、爆発的な感染増加を抑えるためには、日本の総人口の約一割強にあたる約一四〇〇万人の小中高生の活動を一斉に抑制する必要がありました。

「休校しても満員電車を放置するなら意味がない」と言う人もいましたが、企業活動を止めることは日本経済全体を麻痺させることになり、現実には不可能です。

こうした点について政府内で意思統一ができていなかったので、萩生田文部科学大臣が一斉休校について「学校を閉めて、子供たちを守りたい」と発言してしまったのだと思います。子供たちを守るというのは一見わかりやすい理由です。

しかし、それに対して「学校では感染リスクは高くない！」「子供たちの感染リスクは高くない！」「子供たちの教育を受ける権利を奪うな！」「一斉休校は子供たちの利益にはならない！」という猛批判が沸き起こってしまいました。

リスクコミュニケーションの観点からいえば、一斉休校の理由は「子供たちを守るため」というよりも、「日本全国で新型コロナウイルス感染者の爆発的増加を抑えるため」、すなわち「社会防衛のため」と言うべきでした。

子供たちを守るのではなく、むしろ社会のために子供たちの学校生活を「犠牲《ぎせい》」にするのです。この言いにくいことを正直に言って、国民の理解を求めることこそがリスクコミュニケーションです。

新型コロナウイルス対策でよく使われる「要請」という言葉もリスクコミュニケーション上、問題です。交渉において目標を成し遂げるためには、権限・責任を持った当事者が交渉に当たらなければならない、と前掲『交渉力』で繰り返し述べました。

政府が国民に対して自粛を「要請」するというのは、当事者である政府が責任をとらないことを意味します。政府は民間に「要請」だけして、「あとは民間で判断して責任をとってください」とすると、民間は大混乱に陥ります。

本来、政府は「命令」という形で、国民に強制する代わりに責任もとるようにしないと、民間も政府の意図通りの行動を起こすことができません。国民は感染対策をせずに活動して感染拡大を招いてしまったり、逆に不必要な自粛をしてしまったりする。ここで政府が責任をとるというのは、事業主が休業をすることに補償をする、生活が困窮した国民の生活を支える、ということです。

政府がこの責任をとらない形で「要請」をすることは、国民の善意にすべてを委ねることであり、国の感染対策としては最悪です。

ゆえに、リスクコミュニケーションとして、政府は国民に対して「命令」し、しっかりと補償、支援するというメッセージを発するべきです。

一斉休校に関しても、休校によって生じるであろう問題、たとえば共働き・一人親家庭の児童や、特別支援が必要な児童に対しての支援策、子供のために仕事を休まざるを得ない人への補償策も必要です。

危機において、政治家が下した決断が失敗すれば、社会的に抹殺されることもあるでしょう。昔なら暗殺されていたかもしれません。そして、成功しても大して評価されることはない。それでも責任ある立場の者は決断を下さなければなりません。

その唯一の拠《よ》り所は、実体的正義を追求するのではなく、手続的正義の考え方に基づいて適切なルール・プロセスを構築し、それに従って決断するというほかはありません。いや、その決断こそが、確たる自信となるのです。

正解がわからないコロナ対策だからこそ、決断までの仕組み作りが必要だ

最後に、コロナ対策に必要不可欠な、新型インフルエンザ等対策特別措置法（特措法）についても触れておきましょう。二〇二一年一月に特措法の改正論議がやっと国会で始まり、二月に改正法が成立しましたが、これもまた問題だらけです。

まず一つ目のポイントは、都道府県ごとに社会経済活動を抑制・再開する仕組みが整備されないままになっているということです。

感染対策の基本は、感染者数の増減を見ながら社会経済活動を抑制したり再開したりと調

整することです。ある程度感染者数が増えてきたら社会経済活動を抑制し、感染者数が収束してきたら社会経済活動を再開する――これを僕は「アクセルとブレーキのコントロール」と呼んでいます。

このアクセル・ブレーキの調整は非常に難しい作業です。生活に困らない人たちはブレーキを強調するし、生活に困る人たちはアクセルを強調する。本当に、正解がまったくわかりません。このようなときには、手続的正義の考え方に基づいて「より正解に近づけるであろう仕組み」を整えるべきだと僕は考えます。

法律上は、すべて政府がアクセル・ブレーキのコントロール権を持っていますが、政府は国全体の「マクロの視点」しか持たないので、すべての地域の感染状況や医療逼迫状況について的確に把握するのは無理がある。したがって、「ミクロの視点」を持つそれぞれの都道府県知事にアクセルとブレーキのコントロールを委ねるべきです。そうすることで、緊急事態宣言やその解除のタイミングをより正解に近づけることができます。

これに関しては、二月の改正案で「まん延防止等重点措置」が新たに組みこまれることになりました。緊急事態宣言が出ていない状態でも、各地域で感染の拡大が起こっていれば、「政府が指定した区域」において都道府県知事が飲食店などに対して営業時間短縮の命令を行えるというものです。

しかし、この「まん延防止等重点措置」は、これまた「政府が」アクセルとブレーキをコントロールする仕組みになっています。これでは結局、政府がこのまん延事態を認定する前に、地方自治体のほうで「独自の緊急事態宣言」を出すことになってしまうでしょう。なぜなら、政府よりも知事のほうが感染状況や医療逼迫については迅速・的確に把握できるので、政府が動く前に自治体が独自に動こうとするからです。これまでも、熊本や静岡などの各自治体が、政府とは別に独自の緊急事態宣言を出し、法的根拠があいまいなまま独自に社会経済活動の抑制に動き、混乱を招きました。

こうした混乱を防ぐためにも、僕は「**政府だけでなく各都道府県知事も、独自のものでない法律上の緊急事態宣言を出せるようにするべきだ**」と考えます。特定地域で感染の拡大が起こったら、まずは知事が「地域」緊急事態宣言を出す。それでもその地域で感染が収まらず、都道府県をまたがる広域に広がった場合は、国が「広域」緊急事態宣言を出す。そして政府も知事も緊急事態宣言を出して法的根拠を明確にしたときにしか、事業者に対して休業要請や時短要請などはできないようにする――このような知事と国の「二段階緊急事態宣言方式」にして、知事のアクセル・ブレーキのコントロール権を強化することが、正解のわからない中でより正解に近づくための国家運営の仕組みだと思います。

国会では「まん延防止等重点措置の要件が曖昧だ！」「国会に報告する義務を定めよ！」などという議論がなされましたが、国家運営の仕組みを理解していないピント外れの議論だと思います。国会議員たちが、自分の選挙区と関係のない地域の感染状況に関心があるとは思えません。知事が都道府県単位、さらにはそれよりも小さい市区町村単位でまん延防止の措置を取るのであれば、それは国会への報告ではなく、都道府県議会や市区町村議会への報告で十分です。国会に全国津々浦々の感染状況が報告されても国会議員は何もできませんし、かえって仕事のオーバーフロー状態になります。知事の権力行使に関する監視は地方議会に委ねるという分業をしっかりと考えるべきです。

もう一つの問題点は、このたびの改正案では「罰則規定」に関する議論が優先されすぎたということです。国会の審議を聞いていると「罰金はこの金額で本当に効果があるのか」「懲役刑まで科す必要はないのではないか」という議論ばかりでした。僕に言わせれば、罰則というのはあくまでも、政治による「お願いベースの営業自粛要請」から「強制的に営業の自由を侵害」させた形にして、補償をお店に与えるためのものです。つまり「補償をつけるための便法」でしかありません。ですから罰則の内容や程度を中心に議論するのはあまりにも的外れ、最悪の改正論議だったのです。

まず徹底的に議論すべきは、飲食店などの営業を制限した場合の、補償額・支援額の算定基準でした。二〇二一年五月現在、営業時短要請に従った店舗には一日につき六万円、月額一八〇万円の協力金が支給されます。ただ、この協力金は店の規模に関係なく一律での支給です。月商一〇〇万円にも満たない小さなお店であれば休んだ方が得なぐらいですが、家賃だけで数百万円の支払いがあるような大規模なお店にとっては焼け石に水。難しい作業であることは承知の上ですが、お店の規模や売り上げをもとに補償額や支援額を算出できるような仕組みを作っていくべきです。

絶対的な正解のわからない新型コロナ対策においては、絶対的な正解を追求する実体的正義の考えではなく、手続的正義の考え方に基づいて、より正解に近づけるであろうルール・プロセス・手続き・仕組みを構築し、それに基づいて決断を下していくことが必要不可欠なのです。

おわりに

本書では「絶対的な正解などわからない」ことを前提とした、実践的な意思決定の手法として「手続的正義」という考え方について述べてきました。

法律の分野だけでなく、ビジネスの場から政治の世界まで、幅広く応用できる考え方だということもわかっていただけたかと思います。

正解のわからない時代には、誰もが決断することから逃げます。判断を先送りにします。責任を取りたくないからです。

だからこそ、判断する問題が重大であればあるほど、手続的正義に則った「適切な判断プロセス」が必要になります。適切な判断プロセスを踏んで、その後の結果については「どんなものでも納得できる」と思える環境・仕組みを作っておくからこそ、リーダーは決断できるようになるのです。

最悪なのは、判断をずるずると引き延ばしたあげく、特定の外野の声に押されて不適切なプロセスで物事を決め、しかもそれによって悪い結果が出た時です。

その場合は、組織やチーム全体でその悪い結果を受け入れることができず、責任追及が始まる。そして醜い責任のなすりつけ合いが展開されます。

これはまさに、日本が先の大戦に足を踏み入れ、敗戦していく過程そのもの。絶対にそうなってはいけません。そのためには、適切な判断プロセスに基づく決断というものを実践しなければならない。

本書を読んだ方々が、自らの組織やチームの中でいかなる難題に対しても「決断」していけることを、切に願っています。

橋下　徹

構成——加藤貴之

本書P.27-29、P.47-49、P.164-168、P.195-199は、「文藝春秋」2021年3月号記事「菅総理よ、異論を聞く耳を持て」より、抜粋・編集・加筆を加えたものである。

PHP新書

PHP INTERFACE
https://www.php.co.jp/

橋下 徹［はしもと・とおる］

大阪府立北野高等学校、早稲田大学政治経済学部卒業。1998年、橋下綜合法律事務所を開設。2008年に38歳で大阪府知事、2011年に42歳で大阪市長に就任。大阪府庁1万人、大阪市役所3万8000人の組織を動かし、絶対に実現不可能と言われた大阪都構想住民投票の実施や行政組織・財政改革などを成し遂げる。2015年、大阪市長を任期満了で退任。現在は弁護士、タレントとして活動。著書に『実行力 結果を出す「仕組み」の作り方』『交渉力 結果が変わる伝え方・考え方』（ともにPHP新書）など多数。

決断力

誰もが納得する結論の導き方

（PHP新書 1265）

二〇二一年七月十三日 第一版第一刷

著者――橋下 徹
発行者――後藤淳一
発行所――株式会社PHP研究所
東京本部――〒135-8137 江東区豊洲5-6-52
第一制作部 ☎03-3520-9615（編集）
普及部 ☎03-3520-9630（販売）
京都本部――〒601-8411 京都市南区西九条北ノ内町11
組版――朝日メディアインターナショナル株式会社
装幀者――芦澤泰偉＋児崎雅淑
印刷所 製本所――図書印刷株式会社

ISBN978-4-569-84977-5

ＰＨＰ新書刊行にあたって

「繁栄を通じて平和と幸福を」（PEACE and HAPPINESS through PROSPERITY）の願いのもと、ＰＨＰ研究所が創設されて今年で五十周年を迎えます。その歩みは、日本人が先の戦争を乗り越え、並々ならぬ努力を続けて、今日の繁栄を築き上げてきた軌跡に重なります。

しかし、平和で豊かな生活を手にした現在、多くの日本人は、自分が何のために生きているのか、どのように生きていきたいのかを、見失いつつあるように思われます。そして、その間にも、日本国内や世界のみならず地球規模での大きな変化が日々生起し、解決すべき問題となって私たちのもとに押し寄せてきます。

このような時代に人生の確かな価値を見出し、生きる喜びに満ちあふれた社会を実現するために、いま何が求められているのでしょうか。それは、先達が培ってきた知恵を紡ぎ直すこと、その上で自分たち一人一人がおかれた現実と進むべき未来について丹念に考えていくこと以外にはありません。

その営みは、単なる知識に終わらない深い思索へ、そしてよく生きるための哲学への旅でもあります。弊所が創設五十周年を迎えましたのを機に、ＰＨＰ新書を創刊し、この新たな旅を読者と共に歩んでいきたいと思っています。多くの読者の共感と支援を心よりお願いいたします。

一九九六年十月

ＰＨＰ研究所

PHP新書

［経済・経営］

187 働くひとのためのキャリア・デザイン　金井壽宏
379 なぜトヨタは人を育てるのがうまいのか　若松義人
450 トヨタの上司は現場で何を伝えているのか　若松義人
543 ハイエク 知識社会の自由主義　池田信夫
587 微分・積分を知らずに経営を語るな　内山 力
594 新しい資本主義　原 丈人
620 自分らしいキャリアのつくり方　高橋俊介
752 日本企業にいま大切なこと　野中郁次郎／遠藤 功
852 ドラッカーとオーケストラの組織論　山岸淳子
892 知の最先端　クレイトン・クリステンセンほか［著］／大野和基［インタビュー・編］
901 ホワイト企業　高橋俊介
932 なぜローカル経済から日本は甦るのか　冨山和彦
958 ケインズの逆襲、ハイエクの慧眼　松尾 匡
985 新しいグローバルビジネスの教科書　山田英二
998 超インフラ論　藤井 聡
1023 大変化——経済学が教える二〇二〇年の日本と世界　竹中平蔵
1027 戦後経済史は嘘ばかり　髙橋洋一
1029 ハーバードでいちばん人気の国・日本　佐藤智恵
1033 自由のジレンマを解く　松尾 匡
1080 クラッシャー上司　松崎一葉
1084 セブン-イレブン1号店　繁盛する商い　山本憲司
1088 「年金問題」は嘘ばかり　髙橋洋一
1105 「米中経済戦争」の内実を読み解く　津上俊哉
1114 クルマを捨ててこそ地方は甦る　藤井 聡
1136 残念な職場　河合 薫
1162 なんで、その価格で売れちゃうの？　永井孝尚
1166 人生に奇跡を起こす営業のやり方　田口佳史／田村 潤
1172 お金の流れで読む　日本と世界の未来　ジム・ロジャーズ［著］／大野和基［訳］
1174 「消費増税」は嘘ばかり　髙橋洋一
1175 平成の教訓　竹中平蔵
1187 なぜデフレを放置してはいけないか　岩田規久男
1193 労働者の味方をやめた世界の左派政党　吉松 崇
1198 中国金融の実力と日本の戦略　柴田 聡
1203 売ってはいけない　永井孝尚
1204 ミルトン・フリードマンの日本経済論　柿埜真吾
1220 交渉力　橋下 徹
1230 変質する世界　Voice編集部［編］
1235 決算書は3項目だけ読めばいい　大村大次郎

1258 脱GHQ史観の経済学　田中秀臣

［知的技術］

112 大人のための勉強法　和田秀樹
180 伝わる・揺さぶる！文章を書く　山田ズーニー
203 上達の法則　岡本浩一
305 頭がいい人、悪い人の話し方　樋口裕一
399 ラクして成果が上がる理系的仕事術　鎌田浩毅
438 プロ弁護士の思考術　矢部正秋
573 1分で大切なことを伝える技術　齋藤　孝
646 世界を知る力　寺島実郎
673 本番に強い脳と心のつくり方　苫米地英人
718 必ず覚える！1分間アウトプット勉強法　齋藤　孝
737 超訳 マキャヴェリの言葉　本郷陽二
747 相手に9割しゃべらせる質問術　おちまさと
749 世界を知る力 日本創生編　寺島実郎
762 人を動かす対話術　岡田尊司
768 東大に合格する記憶術　宮口公寿
805 使える！「孫子の兵法」　齋藤　孝
810 とっさのひと言で心に刺さるコメント術　おちまさと
835 世界一のサービス　下野隆祥
838 瞬間の記憶力　楠木早紀
846 幸福になる「脳の使い方」　茂木健一郎
851 いい文章には型がある　吉岡友治
933 すぐに使える！頭がいい人の話し方　齋藤　孝
944 日本人が一生使える勉強法　竹田恒泰
1002 高校生が感動した微分・積分の授業　山本俊郎
1054 「時間の使い方」を科学する　一川　誠
1068 雑談力　百田尚樹
1113 高校生が感動した確率・統計の授業　山本俊郎
1127 一生使える脳　長谷川嘉哉
1133 深く考える力　田坂広志
1171 国際線機長の危機対応力　横田友宏
1186 実行力　橋下　徹
1216 ドラえもんを本気でつくる　大澤正彦
1222 コミュニケーション・ストレス　黒川伊保子
1245 最高の質問力　鎌田　靖

［政治・外交］

318・319 憲法で読むアメリカ史（上・下）　阿川尚之
426 日本人としてこれだけは知っておきたいこと　中西輝政
745 官僚の責任　古賀茂明
826 迫りくる日中冷戦の時代　中西輝政
841 日本の「情報と外交」　孫崎　享

893 語られざる中国の結末　宮家邦彦
898 なぜ中国から離れると日本はうまくいくのか　石 平
920 テレビが伝えない憲法の話　木村草太
931 中国の大問題　丹羽宇一郎
954 哀しき半島国家 韓国の結末　宮家邦彦
967 新・台湾の主張　李 登輝
979 なぜ中国は覇権の妄想をやめられないのか　石 平
988 従属国家論　佐伯啓思
1000 アメリカの戦争責任　竹田恒泰
1024 ヨーロッパから民主主義が消える　川口マーン惠美
1060 イギリス解体、EU崩落、ロシア台頭　岡部 伸
1076 日本人として知っておきたい「世界激変」の行方　中西輝政
1083 なぜローマ法王は世界を動かせるのか　徳安 茂
1122 強硬外交を反省する中国　宮本雄二
1124 チベット 自由への闘い　櫻井よしこ
1135 リベラルの毒に侵された日米の憂鬱　ケント・ギルバート
1137 「官僚とマスコミ」は嘘ばかり　髙橋洋一
1153 日本転覆テロの怖すぎる手口　兵頭二十八
1155 中国人民解放軍　茅原郁生
1157 二〇二五年、日中企業格差　近藤大介
1163 AI監視社会・中国の恐怖　宮崎正弘
1169 韓国壊乱　櫻井よしこ／洪 熒
1180 プーチン幻想　グレンコ・アンドリー
1188 シミュレーション日本降伏　北村 淳
1189 ウイグル人に何が起きているのか　福島香織
1196 イギリスの失敗　岡部 伸
1208 アメリカ 情報・文化支配の終焉　石澤靖治
1212 メディアが絶対に知らない2020年の米国と日本　渡瀬裕哉
1225 ルポ・外国人ぎらい　宮下洋一
1226 「NHKと新聞」は嘘ばかり　髙橋洋一
1231 米中時代の終焉　日高義樹
1236 韓国問題の新常識　Voice編集部［編］
1237 日本の新時代ビジョン　鹿島平和研究所・PHP総研［編］
1241 ウッドロー・ウィルソン　倉山 満
1248 劣化する民主主義　宮家邦彦
1250 賢慮《けんりょ》の世界史　佐藤 優／岡部 伸
1254 メルケル 仮面の裏側　川口マーン惠美
1260 中国 vs. 世界　安田峰俊
1261 NATOの教訓　グレンコ・アンドリー

［心理・精神医学］

053 カウンセリング心理学入門　國分康孝
103 生きていくことの意味　諸富祥彦

171 学ぶ意欲の心理学　市川伸一
304 パーソナリティ障害　岡田尊司
364 子どもの「心の病」を知る　岡田尊司
381 言いたいことが言えない人　加藤諦三
453 だれにでも「いい顔」をしてしまう人　加藤諦三
487 なぜ自信が持てないのか　根本橘夫
550 「うつ」になりやすい人　加藤諦三
583 だましの手口　西田公昭
695 大人のための精神分析入門　妙木浩之
697 統合失調症　岡田尊司
796 老後のイライラを捨てる技術　保坂　隆
825 事故がなくならない理由《わけ》　芳賀　繁
862 働く人のための精神医学　岡田尊司
895 他人を攻撃せずにはいられない人　片田珠美
910 がんばっているのに愛されない人　加藤諦三
952 プライドが高くて迷惑な人　片田珠美
953 なぜ皮膚はかゆくなるのか　菊池　新
956 最新版「うつ」を治す　大野　裕
977 悩まずにはいられない人　加藤諦三
1063 すぐ感情的になる人　片田珠美
1091 「損」を恐れるから失敗する　和田秀樹
1094 子どものための発達トレーニング　岡田尊司
1131 愛とためらいの哲学　岸見一郎
1195 子どもを攻撃せずにはいられない親　片田珠美
1205 どんなことからも立ち直れる人　加藤諦三
1214 改訂版 社会的ひきこもり　斎藤　環
1224 メンヘラの精神構造　加藤諦三

［思想・哲学］

032 〈対話〉のない社会　中島義道
058 悲鳴をあげる身体　鷲田清一
086 脳死・クローン・遺伝子治療　加藤尚武
204 はじめての哲学史講義　鷲田小彌太
468 「人間嫌い」のルール　中島義道
492 自由をいかに守るか ハイエクを読み直す　渡部昇一
856 現代語訳 西国立志編　サミュエル・スマイルズ［著］／中村正直［訳］／金谷俊一郎［現代語訳］
1117 和辻哲郎と昭和の悲劇　小堀桂一郎
1159 靖國の精神史　小堀桂一郎
1215 世界史の針が巻き戻るとき　マルクス・ガブリエル
1251 つながり過ぎた世界の先に　マルクス・ガブリエル［著］／大野和基［インタビュー・編］／高田亜樹［訳］